I0781821

Wie Sie mit jedem reden können

Alles, was Ihnen nie über Small Talk, soziale Kompetenz und darüber, wie man mit anderen Menschen spricht, beigebracht wurde

Inhaltsverzeichnis

Einleitung

Fällt es Ihnen häufig schwer, mit anderen Menschen zu kommunizieren? Fühlen Sie sich beispielsweise jedes Mal nervös oder ängstlich, wenn Sie ein Gespräch mit einer neuen Person beginnen müssen? Möchten Sie Ihre Kommunikationsfähigkeiten verbessern, wissen aber nicht, wo Sie anfangen sollen? Machen Sie sich keine Sorgen! Dieses Buch kann zu Ihrer Geheimwaffe werden!

Die Kommunikation mit anderen Menschen ist überlebenswichtig und bildet die Grundlage für den Aufbau und die Pflege von Beziehungen im Leben. Mit den richtigen Kommunikationsfähigkeiten kann sich sogar eine zufällige Begegnung mit einem Fremden zu etwas Bedeutungsvollem entwickeln. Wenn Sie noch nicht sehr gut darin sind, mit anderen Menschen zu kommunizieren, machen Sie sich keine Sorgen; jeder Mensch kann sich weiterentwickeln. Sie können die Situation unter Kontrolle bringen.

Sie fragen sich vermutlich häufig: *Wie machen manche Menschen das nur?* Wie können sie mit anderen kommunizieren, ohne sich dabei besorgt oder ängstlich zu fühlen? Was wäre, wenn Sie dasselbe tun könnten? Alles, was Sie dazu brauchen, sind ein wenig Hingabe und Arbeitswillen.

In diesem Buch lernen Sie alles, was Sie über den Umgang mit Menschen wissen müssen. Das Buch dient Ihnen als Schritt-für-Schritt-Anleitung zur Überwindung dieser Hürde und lehrt Sie die Kunst, solide Beziehungen zu anderen Menschen zu pflegen.

Der erste Schritt besteht darin, dass Sie Ihre Mentalität *positiv* verändern. Negatives Denken hindert Sie daran, Fortschritte zu machen und in Ihrem Leben voranzukommen. Die Entwicklung Ihrer Kommunikationsfähigkeiten ist einfacher, wenn Sie negative Gedanken, die mit sozialen Begegnungen verbunden sind, erkennen und schnell überwinden. Menschen können unbewusst eine Reihe von unerwünschten Verhaltensweisen entwickeln, die ihre sozialen Beziehungen oft behindern. Diese Tendenzen müssen vermieden werden, egal ob es sich um den Wunsch handelt, andere ständig zu korrigieren, sich ablenken zu lassen oder über andere zu sprechen. Es ist ganz einfach, diese ungesunden Verhaltensweisen frühzeitig zu erkennen. Sie werden lernen, wie Sie diese schlechten Gewohnheiten durchbrechen und mit etwas bewusster Arbeit und Geduld bessere Gewohnheiten aufbauen können. Letztendlich werden sich dadurch werden auch Ihre Beziehungen zu anderen Menschen verbessern.

Kommunikation ist mehr als nur die Worte, die Sie sagen. Die nonverbalen Signale, die Sie anderen Menschen geben, sind genauso wichtig. Wenn Sie Ihre Körpersprache verbessern, nachdem Sie ihre Bedeutung erkannt haben, ist es schnell weniger schwierig, ein Gespräch mit einem Fremden zu beginnen. Dieses Buch bietet Ihnen eine umfassende Auswahl von Strategien, um ein Gespräch mit Fremden zu beginnen. Wenn Sie Schwierigkeiten damit haben, ein Gespräch zu beginnen oder kleine Plaudereien zu führen, können Sie das schnell verbessern! Außerdem lernen Sie, wie wichtig es ist, dass Sie ein *aktiver Zuhörer* sind, *der* anderen die Tür zu bedeutungsvollen Gesprächen und Verbindungen öffnet.

Sie können keine produktive Beziehung führen, wenn Sie nicht mit Ihren Mitmenschen kommunizieren können. Eine gute Beziehung beruht auf offener und ehrlicher Kommunikation.

Dieses Buch enthält unkomplizierte Übungsschritte, vom Gespräch mit einem Fremden bis zur Entwicklung einer dauerhaften Freundschaft. Es hilft Ihnen dabei, sinnvolle und dauerhafte Beziehungen in Ihrem Leben aufzubauen und zu pflegen. Befolgen Sie unsere praktischen Tipps, um konstruktive Gespräche mit Ihren Mitmenschen zu führen und schädliche Beziehungen zu vermeiden - Ihr soziales Leben wird dadurch schnell eine neue Richtung einschlagen.

Sind Sie daran interessiert, mehr über gute Kommunikation zu erfahren? Möchten Sie Ihre verbalen und zwischenmenschlichen

Fähigkeiten verbessern? Möchten Sie wissen, wie Sie mit jedem ins Gespräch kommen können?

Es gibt keinen besseren Zeitpunkt, um etwas über exzellente Kommunikation zu lernen, Ihre verbalen und zwischenmenschlichen Fähigkeiten zu entwickeln und die Schlüssel für ansprechende Gespräche mit jedem zu entdecken. Sie sind nicht allein, und Sie *sind* in der Lage, Ihre Ziele zu erreichen.

Dieses Buch erklärt Ihnen Schritt für Schritt, was notwendig ist, um die Kommunikation mit anderen zu meistern. Sind Sie ganz begierig darauf, neue Menschen zu treffen und sich mit ihnen zu unterhalten? Wenn ja, lesen Sie weiter.

Kapitel 1: Small Talk; die wichtigste soziale Fähigkeit

Ganz gleich, ob Sie Kontakte knüpfen, mit einem potenziellen langfristigen Kunden sprechen oder einen neuen besten Freund gewinnen möchten, Small Talk ist in jedem Fall eine wichtige Fähigkeit, die es sich zu beherrschen lohnt. Viele Menschen glauben zwar, dass diese Fähigkeit manchen Menschen einfach angeboren ist, aber tatsächlich ist dieses Kommunikationsvermögen *erlernbar*. Small Talk kann für viele eine nervenaufreibende Erfahrung sein, aber mit den richtigen Tipps und Tricks werden Sie ihn schnell wie ein Profi meistern.

Man muss sich auf Small Talk einlassen, da sich so im Gespräch mit anderen das Eis brechen lässt.

https://unsplash.com/photos/erCPgvXNlto

Was ist Small Talk?

In seinem Essay *„The Problem of Meaning in Primitive Languages"* (Das Problem der Bedeutung in primitiven Sprachen") prägte Bronisław Malinowski den Begriff „phatische Kommunikation", um das Konzept des Small Talks zu beschreiben. Die Möglichkeit, diese Art von Konversation zu führen, ist eine soziale Fähigkeit, die oft dazu dient, eine Beziehung zu anderen aufzubauen oder sich bei einer anderen Person beliebt zu machen, bevor man sich inhaltlichen Themen zuwendet. Einige Wörterbücher definieren Small Talk als eine kurze, meist bedeutungslose Unterhaltung. Andere Definitionen geben ihm jedoch mehr Gewicht. Während einige den Small Talk als eine unwichtige Aktivität betrachten, die das Schweigen überbrückt und Unannehmlichkeiten vermeidet, halten andere ihn für eine notwendige Strategie, um mit anderen Menschen in Kontakt zu kommen. Betrachten Sie Small Talk als eine Art „Übergangsverhalten", das Ihnen über peinliches Schweigen oder Unbehagen hinweghelfen kann. Small Talk gibt Menschen die Möglichkeit, sich miteinander vertraut zu machen und sich in einem gemeinsamen Gespräch wohler zu fühlen. Oft kann man Small Talk auch im Alltag beobachten, beispielsweise beim Warten in einem Aufzug oder in der Schlange an der Supermarktkasse.

Die Wichtigkeit von Small Talk

Im Silicon Valley in Nordamerika arbeiten einige der innovativsten Menschen der Welt. Gleichzeitig ist es auch ein Ort, an dem die Menschen oft sehr technikaffin und auf ihre Karriere fokussiert sind, aber welche Bedeutung hat das für den Small Talk? Im Silicon Valley resultiert die Innovation aus einem komplexen Netz sozialer Interaktionen. Der neue Google-Campus wurde beispielsweise so gebaut, dass zufällige Begegnungen zwischen den Mitarbeitern gefördert werden, um neue Interaktionen zu unterstützen. Der Gigant der sozialen Netzwerke, Facebook, hat sogar einen kilometerlangen Raum gebaut, um darin mehrere tausend Mitarbeiter unterzubringen. Zu den Plänen für eine innovative Architektur gehört die Gründung großer Außenbereiche zwischen den Stockwerken, die die Mitarbeiter in den öffentlichen Raum locken und dadurch das Zusammentreffen von Menschen mit unterschiedlichen Berufen fördern sollen. Die neuen Räume fördern den Small Talk, der wiederum ein Katalysator für

Innovationen und neue Ideen ist.

Untersuchungen der Harvard Business School zeigen, dass zufällige Gespräche mit Kollegen die Kreativität und die Leistungsfähigkeit bei der Arbeit verbessern. Viele Menschen sagen, dass sie sich durch Small Talk angeregt fühlen und das Gefühl haben, dass ihre Anwesenheit anerkannt wird.

Small Talk hat auch außerhalb des Büros viele Vorteile. Die Psychologin Elizabeth Dunn fand heraus, dass kurze, scheinbar belanglose soziale Interaktionen mit dem Personal in einem Cafe und mit den anderen Kunden – wie beispielsweise Small Talk über das Wetter oder der Austausch von Namen - zu einem Gefühl der Zugehörigkeit und zu einem erhöhten Glücksempfinden führen können. Allein das Lächeln, der Blickkontakt und das kurze Gespräch mit einem Mitarbeiter während der Kaffeebestellung resultierten in gesteigerten Glücksgefühlen.

Small Talk ist ein wirkungsvolles Instrument, mithilfe dessen Verbindungen zwischen Menschen initiiert werden können. Er vermittelt den Menschen das Gefühl, sozial vernetzt und mit anderen verbunden zu sein, was wiederum die allgemeine Zufriedenheit erhöht.

Hier sind einige der Vorteile von Small Talk:

- Er verbessert die Kommunikationsfähigkeit.
- Er fördert das Selbstvertrauen.
- Er hilft beim Kennenlernen neuer Kontakte.
- Er gibt Ihnen neue Ideen für Gesprächsthemen.
- Er hilft Ihnen dabei, die Zeit effektiver zu verbringen.
- Er zwingt Sie dazu, in öffentlichen Situationen unbeschwert zu sprechen.
- Er ermöglicht es Ihnen, andere Menschen kennen zu lernen.
- Er macht es Ihnen leichter, eine Gemeinsamkeit mit anderen zu finden.
- Er gibt Ihnen ein Gefühl von Zugehörigkeit und Gemeinschaft.

Ziele des Small Talks

Auch wenn er Ihnen trivial erscheinen mag, hat Small Talk zahlreiche zwischenmenschliche Funktionen, vom Aufbau einer Beziehung bis hin zur Etablierung Ihres Platzes in der sozialen Hierarchie. Er kann Ihnen (und Ihren Mitmenschen) helfen, die Art Ihrer Beziehungen zu bestimmen, auch wenn diese neu sind oder sich noch ändern.

Gesprächsbeginn

Wenn sich zwei miteinander unbekannte Menschen treffen, beginnen sie das Gespräch oft mit Small Talk, was darauf hindeutet, dass sie freundlich sind und sich eine positive Interaktion wünschen.

Bei einem Geschäftstreffen hilft es den Leuten, die Stärken und das Fachwissen des anderen kennenzulernen. Nehmen wir an, zwei Personen sind bereits miteinander vertraut. In diesem Fall dient der Small Talk als Einleitung für die ernsteren Themen, die folgen sollen.

Gesprächsabbrecher

Ein abruptes Beenden eines Gesprächs könnte den Eindruck erwecken, dass Sie die Gedanken der anderen Person nicht zu schätzen wissen. Mit Small Talk können Sie ein Gefühl der Ablehnung abmildern, Ihre Wertschätzung für die Beziehung zu Ihrem Gesprächspartner zum Ausdruck bringen und so die Möglichkeit für einen zukünftigen Kontakt offen halten.

Raumfüller

Small Talk bietet Ihnen eine gute Möglichkeit, unangenehme Pausen mit etwas zu überbrücken, über das man nicht lange nachdenken muss. Wenn Sie nicht wissen, was Sie sagen sollen oder nervös sind, kann Small Talk die Situation entspannen. Außerdem können Sie mit Small Talk vermeiden, dass Sie zu lange bei einem Thema hängen bleiben.

Die Macht des Small Talks nutzen

Small Talk ist nicht nur eine Art soziales Schmiermittel, sondern auch ein Mittel zur besseren Kommunikation. Wenn Sie Small Talk üben, lernen Sie gleichzeitig, selbstbewusster in der Öffentlichkeit zu sprechen und bessere Kommunikationsfähigkeiten zu entwickeln. Sie lernen, sich klar und prägnant auszudrücken und gleichzeitig das Interesse an dem, was Ihr Gegenüber sagt, aufrechtzuerhalten. Sie lernen, genauer zuzuhören und Fragen zu stellen, die Ihnen die gewünschten Informationen liefern können. Diese Fähigkeiten helfen Ihnen nicht nur bei Alltagsgesprächen, sondern verbessern auch Ihr Berufsleben. Wenn Sie einen Job haben, bei dem Sie mit Kunden oder Klienten zu tun haben, kann die Fähigkeit, Small Talk zu führen, den Unterschied zwischen einer guten und einer ausgezeichneten Geschäftsbeziehung ausmachen.

In der Geschichte der Wirtschaft sind viele großartige Partnerschaften und dauerhafte Beziehungen auf der Grundlage eines zwanglosen Small Talks entstanden. Ben & Jerry's wurde durch ein zufälliges Treffen gegründet, das zu einer lockeren Unterhaltung führte. Die Geschäftspartner entdeckten, dass sie viele Gemeinsamkeiten hatten; der Rest ist Geschichte. Damit sich Small Talk auszahlt, müssen Sie aber kein Eiscreme-Mogul sein. *Zeigen Sie Ihren Gesprächspartnern lediglich, dass Sie sich für das interessieren, was sie Ihnen erzählen.*

Ohne Bill Fernandez gäbe es keine Apple Produkte wie iPhones, Macbooks und mehr. Fernandez war ein gemeinsamer Freund von Steve Jobs und Wozniak, und beide besuchten dieselbe Junior High School. Jobs und Wozniak trafen sich zum ersten Mal, als sie einander durch Fernandez vorgestellt wurden. Fernandez hatte Wozniak draußen beim Waschen seines Autos gesehen und brachte Jobs zu ihm - und die beiden verstanden sich auf Anhieb. Sie sprachen über Technologie und Elektronik und beschlossen schließlich, gemeinsam an einem Projekt zu arbeiten. Das Ergebnis war Apple Computer, Inc. und wurde zu dem weltberühmten Unternehmen, das heute jeder kennt.

Ohne Small Talk gäbe es zahlreiche Start-ups und Unternehmen also gar nicht. Wenn Sie das nächste Mal in der Stimmung für Small Talk sind, denken Sie an Steve Jobs, Wozniak und die anderen Unternehmer, die ihren Erfolg einer einfachen lockeren Unterhaltung verdanken.

Das Üben von Small Talk kann entmutigend sein, wenn Sie nicht sicher wissen, wo Sie anfangen sollen. Im Folgenden finden Sie die wichtigsten Grundsätze des Small Talk, die Ihnen den Einstieg erleichtern können.

Zeigen Sie echtes Interesse

Die Konversation mit anderen ist eine *Kunstform*. Wenn Sie sie beherrschen wollen, müssen Sie sich von dem Gedanken verabschieden, dass Small Talk im Leben keine Rolle spielt - denn das tut er sehr wohl.

Wenn Sie zum ersten Mal Menschen treffen, dienen gemeinsame Gespräche dazu, Ihre Kommunikationsfähigkeiten zu verbessern. Wenn Sie also das nächste Mal Angst davor haben, ein Gespräch mit einer neuen Person zu beginnen, gehen Sie es stattdessen *mit Begeisterung* an. Sie können nicht einfach nur die immer gleichen Fragen stellen und auf eine Antwort warten. Sie müssen ein echtes Interesse an dem zeigen, was die andere Person sagt, indem Sie Fragen stellen, die mehr als nur Ein-Wort-Antworten erfordern. Fragen Sie zum Beispiel statt „Was machen Sie beruflich?" lieber „Wie sind Sie zu Ihrem Beruf gekommen?" Wenn Sie eine echte Verbindung zu jemandem aufbauen möchten, fragen Sie ihn nach etwas, das ihn begeistert, und hören Sie ihm bei der Antwort genau zu.

Konversation ist eine Kunstform.

https://unsplash.com/photos/kFEb8yigiuQ

Legen Sie Ihr Telefon weg

Der Augenkontakt mit Ihrem Gesprächspartner ist wichtig. Es ist leicht, auf Ihr Telefon zu schauen oder sich im Raum umzusehen, während jemand spricht, aber derartige Verhaltensweisen können signalisieren, dass Sie nicht daran interessiert sind, was Ihr Gesprächspartner sagt. Wenn Sie Ihrem Gesprächspartner in die Augen sehen, weiß er, dass Sie ihm Ihre volle Aufmerksamkeit schenken. Das trägt dazu bei, dass er sich in Ihrer Nähe wohler fühlt und sich noch mehr öffnet.

Es ist leicht, während eines Gesprächs Ihr Telefon zu zücken und Ihre Nachrichten zu überprüfen, aber vermeiden Sie dies, es sei denn, es handelt sich um einen Notfall. Fragen Sie zuerst um Erlaubnis, wenn Sie während eines Gesprächs eine SMS schreiben oder soziale Medien abrufen möchten. Wenn die Person nein sagt, tun Sie es nicht. Die Person wird sich ignoriert fühlen und es könnte Ihrer potenziellen Beziehung schaden.

Haben Sie keine Angst, über sich selbst zu sprechen

Wenn Sie sich im Small Talk üben, kann es schwierig sein, sich in die Geschichte oder das Gespräch eines anderen einzuschalten. Vielleicht haben Sie etwa das Gefühl, dass Sie stören oder dass Ihr Beitrag nicht wertvoll genug ist, um eine Antwort zu rechtfertigen. Machen Sie sich jedoch keine Sorgen. Es ist in Ordnung, wenn Sie über sich selbst sprechen. Solange Sie nicht egozentrisch oder unhöflich sind, werden die Menschen Ihre Worte leicht nachvollziehen können.

Seien Sie bereit, Informationen über sich preiszugeben, aber vermeiden Sie es, kurzgebundene, verschlossene Antworten zu geben. Anstatt mit einem einfachen Ja oder Nein zu antworten, nutzen Sie Ihre Antwort, um Ihrem Gesprächspartner zusätzliche Details zu liefern. Auf diese Weise hat Ihr Gegenüber mehr Material, mit dem er arbeiten kann, und kann das Gespräch fortsetzen, ohne dass er das Gefühl hat, Sie dabei zu verhören.

Zum Beispiel:

Frage: „Wie ist es Ihnen in letzter Zeit ergangen? Was ist in Ihrem Leben so los?"

Kurze Antwort: „Mir geht es gut. Ich habe gerade mein Semester beendet."

Bessere Antwort: „Es geht mir gut. Ich bereite mich gerade auf meine Reise nach England vor, die ich zum ersten Mal in diesem Teil der Welt machen werde. Ich freue mich schon darauf, echten englischen Tee zu trinken."

Anstatt das Gespräch abrupt zu beenden, haben Sie Ihrem Gesprächspartner etwas gegeben, mit dem er arbeiten kann, und das Gespräch dadurch in Gang gehalten.

Frage: „Wie läuft die Arbeit?"

Kurze Antwort: „Es ist viel los."

Bessere Antwort: „Ich habe eine Menge Projekte am Laufen. Aber ich bin bereit für eine Pause. Wir haben vor, uns über die Feiertage eine Auszeit zu gönnen. Wie geht es Ihnen?"

Indem Sie eine Frage stellen, lenken Sie das Gespräch wieder auf die andere Person zurück und erlauben ihr, über sich selbst zu sprechen. Mit einer Ein-Wort-Antwort wie „Gut" können Sie so etwas nicht erreichen.

Wenn Sie über sich selbst sprechen, bietet Ihnen dies einen hervorragenden Katalysator, um das Gespräch in Gang zu halten. Es ist wichtig, dass Sie sich darüber bewusst sind, wie viel Sie über sich selbst sagen. Oft sprechen Menschen nur über sich selbst, weil Sie gerne über sich selbst sprechen wollen. Dadurch können sie schnell selbstverliebt oder narzisstisch wirken. Das ist für die meisten Menschen uninteressant. Wenn Sie sich bewusst sind, was Sie sagen wollen, können Sie dies verhindern.

Stellen Sie Fragen mit offenem Ende

Offene Fragen können nicht mit einem einfachen Ja oder Nein beantwortet werden. Sie erfordern mehr als Ein-Wort-Antworten und ermutigen die Menschen dazu, über sich selbst zu sprechen. Sie geben Ihnen mehr Informationen darüber, was im Leben der Menschen vor sich geht, und helfen Ihnen, sie als Individuen besser zu verstehen. Offene Small Talk-Fragen ermutigen die Person dazu, sich zu öffnen und anderen ihre Ideen, Gefühle oder Erfahrungen mitzuteilen.

Sie können offene Fragen auf verschiedene Weise stellen. Fragen Sie Ihre Mitmenschen Dinge über ihr Leben, ihren Beruf oder ihre persönlichen Interessen. Oder fragen Sie sie, was sie von einem Ereignis aus den Nachrichten halten oder sogar etwas Unbeschwerteres, wie etwa, was sie am Wochenende erlebt haben. Sie könnten zum Beispiel fragen: „Was halten Sie von dem neuen Facebook-Update?" oder „Haben Sie gehört, dass im Dezember ein neuer Star Wars Film herauskommt?"

Geschlossene oder kurz gefasste Fragen sind das Gegenteil. Sie sind in der Regel sehr prägnant. Sie können Ihnen eine gute Möglichkeit bieten, die Aufmerksamkeit einer Person zu erregen oder sie dazu zu bringen, über etwas zu sprechen, das ihr Spaß macht, aber sie geben Ihnen in der Regel nicht viele Informationen über die Person als Individuum preis. Offene Fragen ermöglichen es Ihnen, eine gemeinsame Kommunikationsbasis zu finden. Sobald Sie etwas haben, mit dem Sie arbeiten können, stellen Sie kurze Fragen, um das Gespräch zu vertiefen.

Zum Beispiel:

Sie: „Was sind Ihre Hobbys?"

Gesprächspartner: „Ich spiele gerne Videospiele, lese und wandere."

Sie: „Was ist Ihr Lieblingsbuch?"

Gesprächspartner: „Ich liebe Harry Potter."

Sie: „Ja. Ich habe auch alle Bücher gelesen. Haben Sie die Filme gesehen?"

Small Talk bietet Ihnen eine großartige Möglichkeit, das Gespräch in jede beliebige Richtung zu lenken. Sie könnten über Ihre Lieblingsfiguren sprechen, darüber, wie J.K. Rowling Sie inspiriert hat, oder darüber, wie oft Sie jeden Film gesehen haben. Manchmal funktionieren kurze Fragen nicht so gut wie offene Fragen, daher ist es wichtig, den Unterschied zu kennen. Wenn Ihnen jemand erzählt, dass er einen neuen Welpen hat und wissen möchte, welches Hundefutter er am besten kaufen sollte, werden Sie mit der Frage, ob der Welpe auf den Teppich kackt, nicht sehr weit kommen. Fragen Sie ihn stattdessen, was seine Lieblingshunderasse ist oder ob er noch andere Haustiere hat. Es gibt keine strengen Regeln für die Konversation mit Fremden. Denken Sie daran, dass Ihr Gesprächspartner sich auch amüsieren möchte. Wenn Ihr Gegenüber etwas Interessantes sagt, fragen Sie nach mehr Details.

Aktives Zuhören üben

Es ist oft schwierig, den Schwung des Gesprächs aufrechtzuerhalten, wenn Sie kein aktiver Zuhörer sind. Wenn eine andere Person spricht, schenken Sie ihr Ihre *Aufmerksamkeit,* denn das zeigt ihr, dass Sie sich für das interessieren, was sie sagt. Sie können dies tun, indem Sie nicken, lächeln und während des gesamten Gesprächs Augenkontakt halten. Indem Sie aktiv zuhören, verfolgen Sie, worauf Ihr Gesprächspartner hinauswill, und machen es ihm dadurch leichter, weiter zu sprechen.

Engagement ist der Schlüssel zu einem guten Gespräch, und aktives Zuhören ist eine großartige Möglichkeit, um zu zeigen, dass Sie engagiert sind. Außerdem können Sie durch aktives Zuhören Hinweise aufgreifen, die Ihr Gesprächspartner fallen lassen, könnte. Dies ist ein wesentlicher Bestandteil des Gesprächs, denn er hilft Ihnen zu verstehen, was die andere Person mag und was nicht; es macht es ihr außerdem leichter, mit jemandem zu sprechen, der dieselben Interessen teilt. Die folgenden Tipps zeigen Ihnen, wie Sie zu einem besseren aktiven Zuhörer werden können:

1. Unterbrechen Sie nie jemanden, während er spricht, und bereiten Sie Ihre Antwort erst vor, wenn die Person zu Ende gesprochen hat.

2. Bieten Sie nie unaufgefordert Ratschläge, Vorschläge oder Lösungen an.

3. Achten Sie auf die nonverbalen Hinweise eines Sprechers, wie z.B. dessen Tonfall, dessen Gesichtsausdruck und die Körpersprache, um die Bedeutung seiner Worte genauer zu bestimmen.

4. Lassen Sie sich nicht von Ihren Gedanken oder Bedenken ablenken. Denken Sie nicht darüber nach, was Sie sagen wollen, während Ihr Gesprächspartner spricht. Konzentrieren Sie sich stattdessen auf das, was er sagt.

5. Seien Sie dazu bereit, neue Ideen zu akzeptieren und Ihre Vorurteile zu überwinden.

6. Stellen Sie Fragen, um zu zeigen, dass Sie zuhören.

7. Wiederholen Sie, was die Person gesagt hat, in Ihren eigenen Worten, um zu bestätigen, dass Sie alles richtig verstanden haben.

Enthusiasmus zeigen

Enthusiasmus ist ein wirksames Mittel, um anderen zu zeigen, dass Sie zuhören und sich auf das Gespräch einlassen. Das geht schon durch ganz einfache Gesten, wie etwa ein Kopfnicken oder ein Lächeln, wenn jemand sagt, dass ihm etwas wichtig ist, z.B. *„Ich liebe meinen Job"* oder *„Meine Familie ist das, was mich im Leben am glücklichsten macht."*

Enthusiasmus ist aber nicht auf verbale Antworten beschränkt. Er kann auch durch Ihre Körpersprache ausgedrückt werden. Wenn Ihnen zum Beispiel jemand von seinem Urlaub auf Hawaii erzählt, können Sie sich mit Interesse vorlehnen und dabei leicht nicken, um dem Sprecher zu zeigen, dass Sie an dem, was er sagt, interessiert sind und noch mehr hören möchten. Zeigen Sie dem Sprecher außerdem auch durch Ihre Mimik, dass Sie zuhören. Ein Lächeln oder ein leichtes Lachen im richtigen Moment kann Ihnen dabei helfen, das Gespräch in Gang zu halten.

Vermeiden Sie nonverbale Signale, die Desinteresse signalisieren könnten, wie z.B. das Rollen Ihrer Augen oder das Verschränken Ihrer Arme. Wenn es Ihnen schwerfällt, sich für das, was jemand sagt, zu begeistern, konzentrieren Sie sich auf die Fakten und übergehen Sie Ihre ersten Reaktionen. Sie können den Schwerpunkt des Gesprächs verlagern, indem Sie Fragen zu dem stellen, was der Gesprächspartner gesagt hat, oder indem Sie durch einen Kommentar ausdrücken, inwiefern dessen Anekdote Sie an etwas ähnliches erinnert.

Vorteile von Small Talk

Small Talk hilft Ihnen dabei, sich zu entspannen

Wenn Sie sich in einer ungewohnten Situation befinden, z.B. wenn Sie neue Leute treffen oder in der Öffentlichkeit sprechen, ist es normal, dass Sie zunächst nervös sind. Small Talk kann diese Nervosität lindern, weil er Ihnen etwas Vertrautes bietet.

Durch Small Talk üben Sie für wichtigere Gespräche

Wenn Sie Small Talk machen, trainiert das Ihr Gehirn. Daher können zwanglose Gespräche mit Fremden Sie auf spätere, bedeutungsvollere Gespräche vorbereiten (was Ihnen zum Beispiel unangenehme erste Dates erleichtern kann).

Sie gehen etwas aus sich heraus

Das Gespräch mit einer anderen Person zwingt Sie, sich auf das zu konzentrieren, was diese Person sagt, anstatt über Ihre Probleme nachzudenken. Daher kann Ihnen Small Talk helfen, eine Art emotionalen Kater zu überwinden, der gegebenenfalls durch ein Ereignis am Vortag entstanden ist. Die unbeschwerten Gespräche können Sie außerdem für eine Weile ablenken.

Es macht Sie sympathischer

Menschen interagieren gerne mit Mitmenschen, die sie grüßen, Fragen stellen und ihnen ein gutes Gefühl geben. Bemühen Sie sich daher, mit anderen in Kontakt zu treten, indem Sie Augenkontakt herstellen und lächeln, wenn sie an Ihnen vorbeigehen. Diese einfachen Gesten können viel dazu beitragen, den Menschen das Gefühl zu geben, dass Sie sich für sie als Person interessieren.

Small Talk macht Sie zu einem besseren Zuhörer

Wenn Sie sich dafür interessieren, was jemand anderes sagt, fühlen Sie selbst sich dadurch ebenfalls gut und lernen etwas Neues dazu. Eine Sache, die Ihnen helfen kann, im Leben erfolgreich zu sein, ist es, gut zuzuhören und die Sichtweisen Ihrer Mitmenschen dadurch besser zu verstehen.

Es macht Sie einprägsamer

Wenn Sie sich für andere Menschen und das, was sie sagen, interessieren, können Sie einfacher einen guten Eindruck hinterlassen. Menschen erinnern sich oft an diejenigen, die sich für das interessieren, was sie zu sagen haben. Sie können also einen bleibenden positiven Eindruck hinterlassen, indem Sie Fragen stellen und aktiv zuhören, anstatt stets nur darauf zu warten, dass Sie wieder an der Reihe sind zu sprechen.

Small Talk hilft Ihnen, sich anderen gegenüber einfühlsamer zu verhalten

Wenn Sie sich die Sichtweise einer anderen Person genau anhören, können Sie viel darüber lernen, was die andere Person einzigartig macht und wie sie die Welt sieht. Wenn Sie sich die Zeit nehmen, einer anderen Person wirklich zuzuhören und ihre Sichtweise zu berücksichtigen, können Sie besser verstehen, woher deren Sicht der Dinge kommt. Dies kann besonders hilfreich sein, wenn Sie mit Menschen aus anderen Kulturen, mit einem anderen sozioökonomischen Hintergrund oder anderen Werten als Ihren eigenen arbeiten.

Small Talk zeigt, dass Sie sich um andere kümmern

Das bewusste Zuhören bietet Ihnen eine großartige Möglichkeit, um anderen zu zeigen, dass Sie sich für ihre Gefühle und Meinungen interessieren. Wenn Sie jemandem aufrichtig zuhören, zeigt das, dass Sie das, was er sagt, wertschätzen und daran interessiert sind, mehr zu erfahren. Das kann Ihre Beziehungen zu anderen stärken und ein positiveres Umfeld für Sie schaffen.

Das Zuhören kann Ihre Beziehungen zu anderen verbessern

Wenn Sie gewissenhaft zuhören, hilft Ihnen das dabei, stärkere Beziehungen zu den Menschen um Sie herum aufzubauen. Die Menschen fühlen sich immer dann wertgeschätzt und respektiert, wenn sie wissen, dass ihnen jemand wirklich zuhört. Das gute Zuhören schafft ein Umfeld, in dem sich jeder wohl fühlt, weil er seine Gefühle, Gedanken und Ideen offen äußern kann.

Small Talk hat viele Vorteile, vom Erwerb wichtiger sozialer Fähigkeiten bis hin zur Entwicklung zu einer Führungspersönlichkeit mit großen Geschäftschancen. Verbessern also auch Sie Ihre Small Talk-Fähigkeiten und entdecken Sie neues Selbstvertrauen in allen Bereichen des Lebens.

Kapitel 2: Was Sie als Erstes überwinden müssen

Viele Menschen haben Schwierigkeiten mit Small Talk. Manchmal fühlt es sich unangenehm an, ein Gespräch mit jemandem zu beginnen oder mit einem völlig Fremden über das Wetter zu reden. Introvertierte Menschen und Menschen mit sozialen Ängsten, mangelnder sozialer Kompetenz und geringem Selbstwertgefühl können Small Talk als schwierig und manchmal als *überwältigend* empfinden. Glücklicherweise können in solchen Fällen jedoch bewährte Techniken und Tricks angewandt werden, um die Furcht und Angst vor Small Talk zu überwinden.

Soziale Ängste sind ein echtes Problem, das Sie davon abhalten kann, gesunde Beziehungen zu anderen Menschen einzugehen.
https://unsplash.com/photos/rXrMy7mXUEs

Soziale Ängste

Eine soziale Angststörung oder soziale Phobie drückt sich aus, indem bei den Betroffenen durch soziale Situationen ein überwältigendes Unbehagen, Nervosität oder Angst entsteht. Dies zeigt sich meist in jungen Jahren und kann das ganze Leben lang soziale Interaktionen mit anderen Menschen beeinträchtigen. Manche Menschen verwechseln Schüchternheit mit sozialer Angst, aber letztere zeigt sich durch viel schwerere Symptome. Wenn Sie unter Panikattacken, Schweißausbrüchen, Übelkeit, Erröten, Verlegenheit oder Steifheit leiden, soziale Situationen meiden, Blickkontakt vermeiden, sich vor Kritik fürchten, sich oft unsicher fühlen oder sich Sorgen machen, während Sie versuchen mit anderen ins Gespräch zu kommen, neigen Sie wahrscheinlich zu sozialem Angstempfinden.

Aber für jedes Problem gibt es auch eine Lösung. Sie können Ihre sozialen Ängste mit ein paar bewährten Techniken schnell in den Griff bekommen.

Ändern Sie Ihre Einstellung

Das klingt leichter gesagt als getan, aber eine Änderung Ihrer Gedanken und Ihrer Einstellung kann Ihnen wirksam dabei helfen, soziale Ängste zu bewältigen. Gedanken wie „Ich bin in sozialen Situationen unbeholfen" oder „Ich bin langweilig" halten Sie davon ab, auf andere zuzugehen und ein Gespräch mit Ihnen zu beginnen. Sie müssen verstehen Sie, dass diese Gedanken nicht hilfreich sind. Ihr Verstand spielt Ihnen einen Streich, indem er Ihnen negative und verzerrte Vorstellungen von sich selbst vermittelt. Seien Sie also freundlicher zu sich selbst, üben Sie Selbstmitgefühl und ändern Sie Ihre Gedanken in positivere und realistischere Formulierungen um. Sagen Sie sich stattdessen: „Ich bin ein interessanter und freundlicher Mensch. Bei mehr als einer Gelegenheit habe ich festgestellt, dass andere meine Gesellschaft und meine Gesprächsfähigkeiten genießen." Oder: „Die meisten Menschen konzentrieren sich auf das, was ich sage, und bemerken meine Ängstlichkeit kaum. Niemand kümmert sich um mich oder verurteilt mich, weil ich mir Sorgen mache. Diejenigen, die andere wegen ihrer sozialen Ängste verurteilen, sind diejenigen, die das wirkliche Problem haben. Jeder kann unter sozialen Ängsten leiden."

Vermeiden Sie temporäre Lösungen

Ein Freund ruft an und lädt Sie zu seiner Geburtstagsparty ein. Aber Sie wollen sich nicht dem unangenehmen Small Talk bei der Party aussetzen, also gehen Sie nicht hin. Das Vermeiden gesellschaftlicher Verpflichtungen wird Ihre Ängste aber nicht beseitigen. Stattdessen handelt es sich lediglich um eine vorübergehende Lösung, denn Sie können soziale Kontakte nicht für immer vermeiden. Wenn Sie sich mit anderen Menschen treffen und Small Talk führen, können Sie üben, wie man Gespräche anfängt, soziale Fähigkeiten entwickelt und an Selbstvertrauen gewinnt. Je mehr Sie mit anderen interagieren und das Gespräch auf natürliche Weise ablaufen lassen, desto leichter fällt es Ihnen, diese negativen Gedanken zu unterdrücken.

Es gibt zwei Vermeidungsstrategien. Die erste ist die offene Vermeidung, hier meiden Sie Situationen, in denen Sie sich unwohl fühlen, z.B. wenn Sie ein Gespräch mit jemandem beginnen oder an einer lustigen Veranstaltung oder Aktivität teilnehmen. Die zweite ist die verdeckte Vermeidung, bei der Sie sich scheuen, Ihre Meinung vor anderen zu äußern, ein Gespräch abzubrechen oder nicht viel über sich zu erzählen. Es gibt auch körperliche Verhaltensweisen, die mit der verdeckten Vermeidung zusammenhängen, wie z.B. das Verschränken der Arme, das Vermeiden von Augenkontakt, der Blick auf Ihr Telefon und das Sprechen mit leiser Stimme. Menschen mit sozialen Ängsten wenden diese Verhaltensweisen bewusst oder unbewusst an, um im Hintergrund zu bleiben und die Aufmerksamkeit anderer Menschen zu vermeiden.

Das Erste, was Sie tun müssen, ist, mit dem Vermeiden aufzuhören. Tun Sie einfach das Gegenteil von dem, was Ihre Angst Ihnen vorschreibt. Machen Sie kleine Schritte und verlassen Sie allmählich Ihre Komfortzone. Wenn Sie mit jemandem sprechen, sollten Sie sich nicht in Ihren negativen Gedanken verlieren. Konzentrieren Sie sich stattdessen auf das Gespräch und Ihren Gesprächspartner. Üben Sie das Gespräch nicht im Voraus, sondern seien Sie Sie selbst und sagen Sie, was Sie denken. Hören Sie aktiv zu, was Ihr Gesprächspartner sagt, und beteiligen Sie sich an dem Gespräch, indem Sie Fragen stellen oder dessen Kommentare erwidern. Sagen Sie nicht einfach nur das, was Ihr

Gesprächspartner hören möchte, sondern äußern Sie auch Ihre eigenen Gedanken.

Nehmen wir beispielsweise an, Sie unterhalten sich mit jemandem über das Wetter, während Sie beim Arzt im Wartezimmer sitzen. Ihr Gesprächspartner sagt Ihnen, dass er den Sommer nicht mag und das kalte Wetter vorzieht. Stimmen Sie ihm nicht einfach aus Prinzip zu. Wenn Sie kein Fan des Winters sind, lächeln Sie stattdessen und antworten Sie: „Ich bin ein Sommermensch." Dieses Eingeständnis kann ein Gespräch in Gang bringen, in dem Sie als Nächstes über Ihre liebsten saisonalen Aktivitäten plaudern. Wenn es eine Lücke im Gespräch gibt, wechseln Sie einfach das Thema.

Es kann sein, dass Sie bei Gesprächen mit anderen üblicherweise mit kurzgebundenen Aussagen reagieren, weil Sie befürchten, dass andere Sie sonst verurteilen könnten, weil Sie sich frei äußern. Machen Sie es sich zur Gewohnheit, *Ihre Antworten* immer zu *erweitern.* Das ist gegebenenfalls Neuland für Sie und erfordert mehr Anstrengung Ihrerseits, aber es wird das Gespräch im Gang halten.

Stellen Sie sich zum Beispiel vor, jemand fragt Sie, wie Ihr Tag war. Anstatt einfach „gut" zu sagen, sollten Sie Ihrem Gegenüber mehr Details mitteilen. Sagen Sie beispielsweise: „Mir geht es gut, aber ich habe diese Woche so hart gearbeitet, dass ich das Wochenende kaum abwarten kann. Ich werde mir am Mittwoch meine Lieblingsserie ansehen und vielleicht ein Buch lesen." Durch diese Aussage haben Sie nun einige neue Themen in das Gespräch eingebracht, wie z.B. Ihre Arbeit, eine Fernsehsendung und ein Buch. Das gibt der anderen Person die Möglichkeit, Ihnen weitere Fragen zu stellen, damit Sie sich besser kennenlernen und eine engere Verbindung aufbauen können. Am Anfang kann es natürlich vorkommen, dass Sie sich ängstlich fühlen, aber mit der Zeit werden Sie feststellen, dass andere Ihre Gesellschaft genießen und dass Sie ein guter Gesprächspartner sind.

Es ist nicht leicht, diese Lösungsansätze auszuprobieren und der Versuch kann - zumindest anfangs - Ihre Angst ein wenig verstärken. Beginnen Sie daher erstmal mit ein paar kleinen Änderungen und überfordern Sie sich nicht sofort. Mit der Zeit werden Sie sich immer wohler fühlen, vor allem, wenn es Ihnen zunehmend leichter fällt, ein Gespräch mit anderen Menschen zu beginnen und sich auf sie einzulassen.

Das Gespräch ausgleichen

Vermeiden Sie es, ein entspanntes Gespräch in eine Art Interview zu verwandeln, indem Sie Fragen stellen, die die stets Aufmerksamkeit von Ihnen selbst ablenken. In jedem Gespräch sollte es ein gesundes Gleichgewicht geben, in dem beide Parteien reden, sich gegenseitig zuhören, und sich besser kennenlernen können. Setzen Sie sich also das Ziel, so viel über sich selbst zu erzählen, wie Ihr Gegenüber von sich preisgibt. Fragen Sie ihn nach sich selbst, aber ermöglichen Sie es ihm auch, Ihnen Fragen zu stellen, damit Sie selbst ein gleichwertiger Teil des Gesprächs sein können. Denken Sie daran, dass die Kommunikation zwischen Ihnen ausgeglichen sein sollte.

Durchatmen

Atmen Sie vor sozialen Interaktionen ein paar Mal tief durch. Das Atmen kann Ihre Angst lindern, indem es Ihren Herzschlag verlangsamt und Ihre Nerven beruhigt, während Sie sich bei Stress meist permanent auf das konzentrieren, was schiefgehen kann, und sich selbst und Ihre Fähigkeiten in Frage stellen. Wenn Sie atmen, sind Sie sich des gegenwärtigen Augenblicks bewusst und konzentrieren sich explizit auf das Gespräch. Wenn Sie während eines Gesprächs nervös werden oder wenn Ihnen jemand eine Frage stellt, nehmen Sie sich erstmal einen Moment Zeit zum Atmen, denn so können Sie sich neu konzentrieren und sich eine angemessene Antwort überlegen.

Hören Sie auf, übervorsichtig zu sein

Menschen mit sozialen Ängsten überlegen sich Dinge oft zweimal, bevor sie etwas laut sagen. Da sie sich ständig Sorgen darüber machen, wie andere sie wahrnehmen, gehen sie auf Nummer sicher. Manche Menschen würden lieber schweigen oder soziale Kontakte meiden, als etwas zu anderen zu sagen und damit zu riskieren, dass man sie verurteilt oder ablehnt. Es kann vorteilhaft sein, ab und zu vorsichtig zu sein und Sie davor bewahren, etwas Falsches zu sagen. Wenn Sie jedoch immer vorsichtig sind, werden Sie sich dadurch ängstlich fühlen und verhindern, dass andere Sie besser kennenlernen.

Lassen Sie los und seien Sie ganz unbeschwert. Das kann sehr beängstigend klingen, könnte für Sie aber sehr befreiend sein. Üben Sie zunächst mit Menschen, in deren Gegenwart Sie sich wohlfühlen. Seien Sie ganz Sie selbst, versuchen Sie nicht, sich zu verstellen und denken Sie nicht zu viel über alles nach, was Sie sagen. Wenn Sie mehr Selbstvertrauen gewonnen haben, können Sie versuchen, diese Taktik im Gespräch mit Fremden oder mit Ihren Kollegen anzuwenden. Sie werden dadurch tiefe Verbindungen zu anderen aufbauen, weil Sie soziale Risiken eingehen und in Gegenwart anderer ganz Sie selbst sind. Andere Menschen merken, wenn Sie sich verstellen oder nicht authentisch Sie selbst sind.

Wenn Sie sich unbeschwerter verhalten, wird Ihr Selbstvertrauen dadurch gestärkt. Wenn Sie sehen, wie die Menschen auf Sie reagieren und Ihre Gesellschaft genießen, werden Sie immer mehr an sich und an Ihre sozialen Fähigkeiten glauben. Sie werden zunehmend verstehen, dass Sie nicht immer perfekt sein oder immer das Richtige sagen müssen, damit andere Sie mögen. Niemand erwartet von Ihnen, dass Sie perfekt sind. Wenn Sie etwas Dummes sagen, lachen Sie einfach darüber, und wenn Sie jemanden versehentlich beleidigen, entschuldigen Sie sich aufrichtig und machen Sie der Person deutlich, dass Sie nicht die Absicht hatten, sie zu beleidigen. Denken Sie daran, dass Sie diese Taktiken gerade erst lernen, also seien Sie nicht zu hart zu sich selbst.

Schlechte soziale Fähigkeiten

Viele Menschen träumen davon, auf jemanden zugehen und ein unbeschwertes Gespräch beginnen zu können, ohne dabei etwas zu vermasseln oder das Falsche zu sagen. Schlechte soziale Fähigkeiten können diesem Traum jedoch im Weg stehen. Niemand ist von Geburt an sozial oder charmant veranlagt, aber Sie können an sich arbeiten und diese Fähigkeiten fördern.

Praxis

Denken Sie, man kann Klavierspielen lernen, ohne zu üben? Um soziale Fähigkeiten zu entwickeln, müssen Sie ständig an sich arbeiten, um Ihre Fähigkeiten zu verbessern und immer mehr Selbstvertrauen zu gewinnen. Fordern Sie sich selbst heraus und verlassen Sie Ihre Komfortzone. Beginnen Sie ein Gespräch mit dem Personal in einem Cafe, wenn Sie sich morgens Ihren Kaffee kaufen, sprechen Sie mit Ihrem Uber-Fahrer, dem Bankangestellten oder der Kassiererin im Supermarkt. Fragen Sie sie nach ihrem Tag oder machen Sie einen Kommentar über das Wetter. Üben Sie bei jeder Gelegenheit, die sich Ihnen bietet, mit Ihren Mitarbeitern, Nachbarn oder im Gespräch mit Fremden im Bus. Selbst wenn Sie dabei hin und wieder einen Fehler machen oder etwas Falsches sagen, können Sie es am nächsten Tag gleich noch einmal versuchen. Sie können sich durch die Fehler verbessern und aus Ihren Fehltritten lernen, um Ihre Fähigkeiten zu verbessern.

Blickkontakt herstellen

Fehlender Augenkontakt ist häufig ein klares Zeichen dafür, dass Sie nervös sind oder sich unwohl fühlen. Eine der effektivsten sozialen Fähigkeiten, die Sie beherrschen sollten, ist das Herstellen von Augenkontakt. Laut einer Studie der Psychologin Thalia Wheatley weckt der Augenkontakt die Aufmerksamkeit beider Personen während eines Gesprächs. Stellen Sie sich beispielsweise vor, Sie führen ein Gespräch mit jemandem, der die ganze Zeit auf sein Telefon schaut. Sie werden schnell das Gefühl haben, dass er nicht wirklich aufmerksam ist. Der Augenkontakt zeigt, dass Sie Ihr Gegenüber respektieren und dass Sie ihm Ihre Aufmerksamkeit schenken.

Wenn Sie lernen, Augenkontakt herzustellen, fühlen sich die Menschen wohler in Ihrer Gegenwart.

https://unsplash.com/photos/M4MHtHVVS1E

Nehmen Sie sich vor, den Augenkontakt zu 70 % der Zeit zu halten, während Ihr Gesprächspartner spricht, und zu 50 %, wenn Sie sprechen. Wenn Sie schüchtern sind oder mit Ihrem Selbstvertrauen zu kämpfen haben, könnte es sein, dass Ihnen der Augenkontakt unangenehm ist. Fangen Sie klein an, indem Sie ein paar Sekunden lang Augenkontakt mit Ihrem Gesprächspartner herstellen und dann wegschauen. Steigern Sie die Dauer des Blickkontaktes jedes Mal, bis Sie sich wohlfühlen. Wenn Sie sich bei direktem Augenkontakt unwohl fühlen, schauen Sie stattdessen auf die Augenbrauen Ihres Gegenübers.

Nutzen Sie Visualisierung

Die Visualisierung ist eine wirkungsvolle Taktik, die Menschen dazu bringt, an sich selbst zu glauben und so die eigenen Fähigkeiten zu verbessern. Schließen Sie jetzt die Augen und stellen Sie sich vor, Sie seien in einer sozialen Situation. Was sehen Sie vor Ihrem geistigen Auge? Wahrscheinlich sehen Sie sich selbst in einer Ecke sitzen, weil Sie den Leuten aus dem Weg gehen oder etwas sagen, um die Situation zu vermasseln und sich zu blamieren. Denken Sie daran: Dieses Bild ist nicht real. Sie müssen diese Vorstellung ersetzen, indem Sie sich selbst als selbstbewusste Person mit hervorragenden sozialen Fähigkeiten vorstellen. Nehmen Sie sich täglich ein paar Minuten Zeit, setzen Sie sich in einen ruhigen Raum ohne Ablenkungen und stellen Sie sich vor, wie Sie sich mit jemandem unterhalten. Sie sind während des Gespräches witzig, charmant und selbstbewusst, und die andere Person lächelt und lässt sich ungezwungen auf das Gespräch ein. Konzentrieren Sie sich auf jedes Detail, z.B. auf Ihre Kleidung, Ihren Tonfall, die Körpersprache und darauf, was Sie sagen. Mit der Zeit können Sie immer intensiver an dieses Bild glauben und sich dementsprechend verhalten.

Suchen Sie sich ein Vorbild

Sie können soziale Kompetenz erlernen, indem Sie die Menschen in Ihrem Leben beobachten und deren Verhalten nachahmen. Suchen Sie sich einen Freund, einen Mitarbeiter oder ein Familienmitglied mit ausgezeichneten sozialen Fähigkeiten und beobachten Sie, wie solche Personen auf Menschen zugehen, ein Gespräch beginnen und Small Talk machen. Verbringen Sie Zeit mit ihnen, um ihre Gesprächsmuster zu lernen, und Sie werden schnell feststellen, dass ihr Verhalten auf Sie abfärbt. Wenn es sich um jemanden handelt, dem Sie nahestehen, fragen Sie die Person offen um Rat, um herauszufinden, wie Sie Ihre sozialen Fähigkeiten verbessern können.

Setzen Sie sich Ziele

Sie können Ihre sozialen Fähigkeiten nicht effektiv verbessern, wenn Sie immer in Ihrer Komfortzone bleiben. Setzen Sie sich Ziele, um sich langfristig dazu zu ermutigen, Kontakte zu knüpfen und Small Talk zu üben. Besuchen Sie beispielsweise mindestens einmal im Monat eine gesellschaftliche Veranstaltung oder ein Treffen mit anderen. Auch wenn es Ihnen unangenehm ist, auf andere Menschen zuzugehen, nehmen Sie sich die Zeit, zu beobachten, wie sie miteinander umgehen.

Irgendwann werden Sie dann auch den Mut aufbringen, jemanden direkt anzusprechen.

Sorgen Sie dafür, dass Sie bei jeder Sitzung bei der Arbeit einmal das Wort ergreifen, selbst wenn es nur darum geht, Ihren Kollegen Ihre Meinung oder eine Idee mitzuteilen. Bestellen Sie Ihre Mahlzeiten nicht mehr online, sondern telefonieren Sie stattdessen mit den Restaurants. Auch wenn Ihnen diese Ziele klein erscheinen mögen, sind sie ein hervorragender Anfang und können Ihnen den Einstieg in den Small Talk erleichtern, bis Sie Ihre sozialen Fähigkeiten weiterentwickelt haben. Kleine Ziele sind leichter zu erreichen als große, unerreichbarere Ziele, an denen Sie scheitern könnten.

Sobald Sie sich wohl fühlen, sollten Sie sich größere Ziele setzen. Stellen Sie sich zum Beispiel bei der nächsten gesellschaftlichen Veranstaltung zwei fremden Personen vor oder engagieren Sie sich ehrenamtlich und interagieren Sie in einem neuen Umfeld mit anderen.

Geringes Selbstwertgefühl

Viele Menschen werden durch mangelndes Selbstwertgefühl zurückgehalten. Wie Sie sich selbst sehen und was Sie von sich denken, wirkt sich auf alle Bereiche Ihres Lebens aus. Ein hohes Selbstwertgefühl verändert Ihre Selbstwahrnehmung und den Eindruck der Welt um Sie herum. Konzentrieren Sie sich bei Gesprächen und Interaktionen mit anderen auf Ihre positiven Eigenschaften und erinnern Sie sich daran, dass Sie genauso interessant sind wie jeder andere Mensch auch.

Bringen Sie Ihren inneren Kritiker zum Schweigen

Jeder Mensch hat eine innere Stimme, die ihn entweder unterstützt und anfeuert oder niederreißt. Wenn Sie ein geringes Selbstwertgefühl haben, haben Sie wahrscheinlich auch einen inneren Kritiker, der Sie an Ihre Schwächen erinnert und Sie davon überzeugt, dass Sie nicht gut genug sind. Er kann Sie davon abhalten, ein Gespräch mit anderen zu beginnen, indem er sich darauf konzentriert, was alles schiefgehen kann oder Ihnen ein schlechtes Gewissen macht. Selbstbewusste Menschen haben gelernt, mit dieser Stimme umzugehen und sie daran zu hindern, Ihr Leben zu ruinieren. Negative Gedanken können Ihr Selbstwertgefühl zerstören. Sie können sie jedoch herausfordern und schwächen, indem Sie positive und gegensätzliche Gedanken einführen, um Ihre Einstellung zu ändern.

Fordern Sie diese Gedanken heraus, indem Sie sie in Frage stellen. Wenn Ihr innerer Kritiker zum Beispiel sagt, dass Sie sich in einer Situation lächerlich machen werden, weil Sie vorhaben, sich auf einer Party mit jemandem zu unterhalten, fragen Sie sich: „Wann habe ich mich jemals während eines Gesprächs albern oder peinlich verhalten?" Sie werden feststellen, dass dies noch nie passiert ist und selbst wenn, auch gar nicht so schlimm war, wie Ihre Gedanken Ihnen glauben machen.

Seien Sie sich dieser Stimme und ihrer Auswirkungen auf Ihr Selbstwertgefühl bewusst. Fordern Sie sie ständig heraus und hinterfragen Sie sie, bis sie verschwindet.

Halten Sie sich nicht lange mit Ihren Fehlern auf

Jeder Mensch macht bei manchen sozialen Interaktionen Fehler. Wenn Sie sich jedoch nicht sicher fühlen, übertreibt Ihr Gehirn das Ausmaß Ihrer Fehler und lässt Sie an sich selbst zweifeln. Akzeptieren Sie Ihre Unzulänglichkeiten und verzeihen Sie sich. Wenn Sie etwas Dummes zu Ihrem Uber-Fahrer sagen, denken Sie anschließend nicht weiter darüber nach. Sie werden diese Person nie wieder sehen und sie wird diese Interaktion höchstwahrscheinlich vergessen. Jedes Mal, wenn Ihr Gehirn einen Fehler aus der Vergangenheit hervorruft, sagen Sie laut oder leise „Stopp". Das Erkennen derartiger Gedanken dient als sehr wirksame Taktik, um Ihre Gedanken auf den gegenwärtigen Moment zu lenken, anstatt etwas aus der Vergangenheit noch einmal zu erleben, das bereits geschehen ist und keine Auswirkungen mehr auf Ihre Gegenwart hat.

Übernehmen Sie die Kontrolle über Ihre Gedanken, anstatt sich von ihnen beherrschen zu lassen. Wenn Ihnen das nächste Mal ein Fehler aus der Vergangenheit in den Sinn kommt, denken Sie stattdessen schnell an eine lustige soziale Interaktion, bei der Sie gelobt wurden oder während der man sich über Ihre Gesellschaft gefreut hat. Akzeptieren Sie, dass Sie in Ihrem Leben immer wieder Fehler machen werden. Lassen Sie nicht zu, dass diese Sie definieren oder Ihr Selbstwertgefühl beeinträchtigen.

Konzentrieren Sie sich auf Ihre guten Qualitäten

Das geringe Selbstwertgefühl hindert Sie daran, Ihre guten Eigenschaften wahrzunehmen und zu erkennen, wie wunderbar Sie in Wirklichkeit sind. Schreiben Sie in Ihrem Tagebuch oder in Ihrem Telefon alles auf, was Sie an sich selbst lieben. Achten Sie darauf, dass

Sie dabei auch Komplimente und nette Kommentare miteinbeziehen, die Ihnen andere im Laufe der Jahre gemacht haben. Wenn Ihnen nichts einfällt, bitten Sie Ihren besten Freund, Ihre Eltern oder Ihre Geschwister um Hilfe. Menschen, die Ihnen nahestehen, werden Ihnen Ihre positiven Eigenschaften aufzählen und Ihnen sagen, was sie an der Zeit, die Sie mit Ihnen verbracht haben lieben. Bitten Sie sie, diese Dinge aufzuschreiben, damit Sie sie sich jedes Mal ansehen können, wenn Ihre negativen Gedanken überhandnehmen. Notieren Sie sich Ihre gesunden und guten Gewohnheiten oder Hobbys, denn sie spiegeln Ihre Persönlichkeit wider. Wenn Sie sich zum Beispiel gesund ernähren und Sport treiben, zeigt es, dass Sie klug sind und wissen, wie wichtig ein gesunder Lebensstil für Ihren Körper ist. Wenn Sie gerne lesen, sind Sie ein intelligenter Mensch. Denken Sie daran, diese Liste täglich zu lesen, um sich immer wieder an Ihre außergewöhnlichen Eigenschaften zu erinnern.

Introversion

Introvertierte Menschen hassen Small Talk, weil sie tiefgründige Gespräche bevorzugen. Im Gegensatz zu sozialen Ängsten, mangelnden sozialen Fähigkeiten und geringem Selbstwertgefühl ist Introvertiertheit kein Problem, sondern eine Charaktereigenschaft. Sie müssen nicht damit aufhören, introvertiert zu sein. Sie müssen lediglich lernen, Ihre Angst vor Small Talk zu überwinden und dessen Bedeutung im täglichen Miteinander zu verstehen.

Seien Sie gut ansprechbar

Menschen, die Introvertiertheit nicht verstehen, könnten versehentlich annehmen, dass Sie ein Snob sind oder kein Interesse an einem Gespräch mit ihnen haben. Introvertierte Menschen können anfangs sehr still sein, vor allem in der Gegenwart von Menschen, die sie nicht sehr gut kennen. Da sie Small Talk nicht mögen, können introvertierte Menschen während eines Gesprächs häufig gelangweilt wirken und den Eindruck erwecken, dass sie sich nicht unterhalten wollen. Wenn Sie mit Menschen zu tun haben, die Sie nicht kennen, sollten Sie Ihnen gegenüber ein aufrichtiges Lächeln und eine herzliche Haltung zeigen. So wirken Sie ansprechbar und die Menschen fühlen sich in Ihrer Nähe wohl. Selbst wenn es Ihnen schwerfällt, ein Gespräch zu beginnen, betreten Sie den Raum mit einem Lächeln - das ermutigt andere Menschen dazu, ein Gespräch mit Ihnen anzufangen!

Belohnen Sie sich

Gönnen Sie sich jedes Mal eine Belohnung, wenn Sie erfolgreich mit jemandem Small Talk machen. Sagen Sie sich zum Beispiel, dass Sie sich, wenn Sie heute erfolgreich mit zwei Personen Small Talk machen, anschließend ein schönes Abendessen kaufen oder den Abend mit der Lektüre des Buches verbringen werden, das Sie sich gerade gekauft haben. Die Belohnung sollte in jedem Fall etwas sein, das Sie gerne tun. Wenn Sie jedoch versagen, bestrafen Sie sich selbst stattdessen. Schauen Sie sich zum Beispiel nicht die neue Staffel Ihrer Lieblingsserie an oder spielen Sie eine Woche lang keine Videospiele. Ein solches Belohnungs- und Bestrafungssystem wird Sie dazu motivieren, Ihren gewohnten Tagesablauf zu unterbrechen und auf andere Menschen zuzugehen.

Ihre Gedanken halten Sie zurück. Ganz gleich, ob Sie introvertiert sind oder unter sozialen Ängsten, geringem Selbstwertgefühl oder mangelnder sozialer Kompetenz leiden, Ihre negativen Gedanken haben Sie dazu verleitet, zu glauben, dass Sie keinen erfolgreichen Small Talk führen können oder dass die Leute Sie langweilig finden. Sie sollten verstehen, dass diese Gedanken nicht der Wahrheit entsprechen (und nur mit Ihrer eigenen Unsicherheit spielen); sie sind wie die gruseligen Geschichten über Monster, vor denen Sie sich als Kind vielleicht gefürchtet haben. Sie sind nicht echt und entziehen sich jeder Logik. Sie müssen diese durch positive und gesunde Gedanken ersetzen, um diese Schwierigkeiten zu überwinden, so dass Sie schließlich mühelos und selbstbewusst mit jedem sprechen können.

Seien Sie Sie selbst. Sie haben anderen viel zu bieten, *auch wenn Sie es selbst noch nicht glauben.* Lassen Sie Ihren inneren Kritiker nicht gewinnen. Erinnern Sie sich immer wieder an Ihre guten Eigenschaften und daran, dass die Menschen Ihre Gesellschaft genießen. Glauben Sie daran, dass diese innere Stimme ohne Ihre Erlaubnis keine Macht über Sie haben kann. Gehen Sie mit einem Lächeln und einer freundlichen Einstellung offen auf Menschen zu. Selbst wenn Sie nervös sind, wird ein Lächeln Sie entspannen und andere dazu bringen, sich in Ihrer Gegenwart wohlzufühlen, so dass Sie den Mut haben, sich mit ihnen zu unterhalten. Denken Sie daran: Sie sind der Mensch, für den Sie sich halten. *Glauben Sie* also fest, dass Sie ein selbstbewusster und interessanter Mensch sind.

Kapitel 3: Small Talk-Tricks für introvertierte Menschen

Small Talk ist oft eines der lästigeren Dinge, die Sie bei Veranstaltungen zum Networking mit anderen Menschen meistern müssen. Dabei ist er sehr wichtig, um andere Menschen zu treffen und neue Bekanntschaften zu schließen. Während extrovertierte Menschen gerne ihre eigenen Geschichten erzählen und Menschen kennenlernen, empfinden introvertierte Menschen Small Talk oft als anstrengend. Für Introvertierte ist es oft eine Herausforderung, sich in ein Gespräch zu stürzen und so eine Beziehung zu Fremden aufzubauen. Stattdessen ziehen sie es vor, anderen zuzuhören und Sie mit etwas Abstand zu beobachten, bevor sie sich auf Sie einlassen.

Small Talk ist ein Schlüsselfaktor, der das erfolgreiche Networking möglich macht.
https://unsplash.com/photos/ZDN-G1xBWHY

Introvertierte Menschen sind nicht unbedingt schüchtern und können *auf ihre eigene Art und Weise* sehr kontaktfreudig sein. Der Unterschied besteht darin, dass sie sich erst wohlfühlen müssen, bevor sie sich öffnen und anderen mitteilen wollen. Daher kann Small Talk für Introvertierte eine größere Herausforderung sein als für Extrovertierte. Die gute Nachricht ist aber, dass es Strategien gibt, um introvertierten Menschen den Small Talk zu erleichtern. Wenn sie verstehen, wie andere Menschen ticken und wie sie mit ihren eigenen einzigartigen Persönlichkeitsmerkmalen arbeiten können, können Introvertierte schnell lernen, sich in sozialen Situationen besser zurechtzufinden und sich entspannter mit anderen zu unterhalten. Wenn auch Sie introvertiert sind, finden Sie hier acht praktische Tipps, die Ihnen dabei helfen sollen, im Einklang mit Ihrem Charakter zu arbeiten und so ein besserer „Small Talker" zu werden.

Reduzieren Sie Ihre Ängste

Unsere Ängste können selbst die einfachsten Gespräche zu einer wahren Herausforderung machen. Im Jahr 2008 versuchten Forscher herauszufinden, ob Menschen mit einer sozialen Angststörung (SAS) bei sozialen Interaktionen grundsätzlich weniger geschickt sind oder ob sie sich das alles nur einbilden. In einem Artikel, der im *Journal of Anxiety Disorders* (Zeitschrift für Angststörungen) veröffentlicht wurde, kamen die Autoren zu dem Schluss, dass der Unterschied in der Leistung möglicherweise auf die Angst und nicht nur auf die angeborenen eigenen Fähigkeiten zurückzuführen ist. Mit anderen Worten: Wenn Sie Angst vor Small Talk haben, kann er Ihnen wie eine unüberwindbare Herausforderung erscheinen. Ein paar wirksame Strategien können Ihnen aber helfen, Ihren Stress zu reduzieren und sich den Small Talk dadurch zu erleichtern:

Fangen Sie klein an

Wenn Sie Small Talk zum ersten Mal ausprobieren, stürzen Sie sich auf einer Party nicht gleich in ein Gespräch mit einem Fremden. Beginnen Sie, zunächst mit den Menschen, die Sie gut kennen, zu sprechen - also vielleicht Arbeitskollegen oder Klassenkameraden - und fragen Sie sie, wie ihr Tag war. Wenn diese gesprächig sind, stellen Sie Ihnen weitere Fragen über ihr Leben. Wenn nicht, fragen Sie sie, was sie über ein bevorstehendes Ereignis oder eine Nachricht in den Schlagzeilen denken.

Wenn Sie sich dazu bereit fühlen, aktiv das Gespräch zu suchen, sprechen Sie mit jemandem, der Ihnen freundlich und zugänglich erscheint. Zwingen Sie sich nicht, eine gemeinsame Basis für das Gespräch zu finden, wenn Sie nichts zu sagen haben, sondern halten Sie das Gespräch in Gang, indem Sie Ihrem Gegenüber Fragen stellen. Offene Fragen sind eine einfache Möglichkeit, um andere Menschen zum Reden zu bringen. Fragen Sie statt „Wie geht es Ihnen?" lieber „Was gibt es Neues in Ihrem Job?" oder sogar „Erzählen Sie mir ein wenig von sich". Wenn Ihnen die Worte fehlen, machen Sie einen Kommentar zur Umgebung Ihres Gesprächspartners, z.B. etwas über seine Kleidung oder seine Accessoires, um ein Gespräch zu beginnen.

Erste Schritte

Der erste Schritt zu einem guten Small Talk ist, dass Sie wissen, wie Sie sich am besten vorstellen sollten. Am besten stellen Sie sich mit einem Satz vor, in dem Sie Ihren Namen nennen und kurz erklären, warum Sie mit der Person sprechen. Zum Beispiel so etwas wie: „Hallo, mein Name ist Bob und ich habe mich gefragt, ob Sie mir bei etwas helfen können?" Diese Einleitung lädt die Leute unverbunden zum Gespräch ein, weil sie sofort wissen, was Sie von ihnen wollen.

Wenn Sie sich vorstellen, ist es immer eine gute Idee, die andere Person zu fragen, ob sie Zeit zum Reden hat. Zum Beispiel: „Haben Sie eine Minute Zeit? Ich würde Sie gerne etwas fragen." Diese Frage zeigt, dass Sie die Zeit des Gesprächspartners respektieren, und gibt ihm außerdem die Möglichkeit, Ihre Bitte abzulehnen, wenn er keine Zeit für dieses Gespräch hat.

Wenn die Person Zeit hat, fragen Sie sie, ob es in Ordnung ist, wenn Sie ein bestimmtes Thema besprechen. Zum Beispiel: „Macht es Ihnen etwas aus, wenn wir kurz über Ihr Gehalt sprechen?" Beachten Sie, dass diese Frage die Person auf das vorbereitet, was als Nächstes kommt, und nicht aufdringlich oder fordernd wirkt.

Verwenden Sie Selbsthilfemittel

Selbsthilfemittel sollen Ihnen dabei helfen, Ihre Ängste und Ihren Stress zu bewältigen und können dazu führen, dass Sie sich wohler fühlen, wenn Sie im Allgemeinen nervös sind. Ein Selbsthilfewerkzeug kann ein physischer Gegenstand sein, wie beispielsweise ein Stressball, ein Tagebuch oder ein einfaches Mantra, das Sie zu sich selbst sagen können, wenn Sie gestresst sind. Sie können die folgenden Sätze zu sich selbst sagen, wenn Sie ängstlich sind:

- „Meine Angst ist nur ein Gefühl, und sie tut mir nicht weh."
- "Ich schaffe das."
- „Es ist okay, wenn ich Fehler mache."
- „Es ist okay, wenn ich nicht weiß, was ich sagen oder tun soll. Ich kann einfach nur zuhören."
- „Es ist wichtig, bei Networking-Veranstaltungen ein Gespräch mit jemandem zu beginnen. Diese Person kennt dort wahrscheinlich nicht viele Leute und wird sich über einen weiteren Gesprächspartner freuen."

Beachten Sie die Körpersprache

Nonverbale Hinweise, wie Mimik und Gestik, können beeinflussen, wie eine andere Person das, was Sie beim Small Talk sagen, interpretiert. Es kann unfreundlich oder abweisend wirken, wenn Sie mit vor der Brust verschränkten Armen dastehen oder sitzen. Achten Sie stattdessen auf eine offene Körperhaltung und lehnen Sie sich leicht nach vorne, wenn Sie mit jemandem sprechen. Das lässt Sie offener und interessierter an dem erscheinen, was Ihr Gesprächspartner zu sagen hat.

Beim Small Talk geht es um mehr als triviale Themen

Das Ergebnis des Small Talks hängt weitgehend von Ihrer eigenen Einstellung ab. Betrachten Sie ihn also nicht als Zeitverschwendung. Betrachten Sie Small Talk stattdessen als eine Gelegenheit, mit jemandem in Kontakt zu treten und Interesse an der Person zu zeigen. Small Talk kann zum Ausgangspunkt für spätere Gespräche werden, die zunehmend mehr Bedeutung haben. Bevor Sie mit jemandem plaudern, den Sie nicht kennen, fragen Sie sich: „Wie kann ich unser Gespräch interessant gestalten?" Klare Ziele helfen Introvertierten dabei, ihre Aufmerksamkeit auf konkrete Weise zu steuern. Wenn Sie Ihre Ziele kennen, ist es anschließend einfacher zu bestimmen, wie Sie sie erreichen wollen.

Fragen Sie sich, was Sie durch das Gespräch erreichen wollen. Wollen Sie einen guten Eindruck bei jemandem hinterlassen? Fragen Sie nach mehr Informationen über die Person und ihre Interessen. Beginnen Sie eine neue Freundschaft mit jemandem, der ähnliche Werte hat, wie Sie selbst. Auch wenn Sie Ihre Ziele erst noch herausfinden müssen, ist es eine gute Idee, sich ein paar Ideen ins Gedächtnis zu rufen. Sie können sie im Laufe des Gesprächs immer wieder überarbeiten.

Ihr Ziel muss dabei nicht unbedingt ein bestimmtes Ergebnis sein. Sie können zum Beispiel einen guten Eindruck auf jemanden machen, indem Sie zeigen, dass Sie sich für das interessieren, was er sagt, und dass Sie ihn gerne besser kennenlernen wollen. Wenn das der Fall ist, überlegen Sie sich auch, wie Sie dies zeigen können. Fragen Sie Ihren Gesprächspartner zum Beispiel nach seinen Hobbys oder finden Sie heraus, was die Person an ihrem Job mag oder nicht mag. Sie können alternativ auch einen guten Eindruck hinterlassen, indem Sie sich optimistisch und freundlich verhalten. Wenn Sie versuchen, eine neue Freundschaft zu beginnen, erzählen Sie der Person von einigen Ihrer gemeinsamen Interessen. Wenn Sie auf der Suche nach einem neuen Job sind, lassen Sie sich von Ihrem Gesprächspartner beraten und zeigen Sie ihm, dass Sie bereit sind, hart zu arbeiten und neue Fähigkeiten zu erlernen.

Nutzen Sie Ihre Neugierde

Neugierde kann Small Talk in eine erbauliche Erfahrung verwandeln, bei der zwei Menschen mehr übereinander erfahren können. Introvertierte Menschen wirken zwar ruhig und schüchtern, aber sie unterscheiden sich lediglich von extrovertierten Menschen darin, wie ihr Gehirn Informationen aufnimmt. Wenn Sie introvertiert sind, werden Sie bei einem gemeinsamen Abendessen wahrscheinlich keine hundert Fragen stellen. Wenn Sie jedoch auf ein Thema neugierig sind, werden Sie Ihrem Gegenüber ein paar Fragen stellen.

Nutzen Sie Ihre Neugierde, um sich den Small Talk zu erleichtern. Stellen Sie Fragen, die nicht zu persönlich oder aufdringlich wirken. Verschaffen Sie sich stattdessen einen Einblick in das, was die andere Person gerne tut und warum sie es gerne tut. Stellen Sie ihr die Fragen, die Ihnen in den Sinn kommen, und hören Sie sich die Antworten aufmerksam an.

Steuern Sie die Konversation

Man kann ganz einfach den ersten Kontakt herstellen, indem man „Hallo" sagt, aber ein längeres Gespräch in Gang zu halten, erfordert Geschick. Introvertierte Menschen ziehen sich normalerweise einfach zurück, wenn sie sich in einer sozialen Situation unwohl fühlen. Um jedoch eine Diskussion zu führen, müssen Sie dabeibleiben, egal, wie unangenehm es Ihnen ist. Der Schlüssel zum Gesprächsfluss liegt darin, dass Sie wissen, wann Sie führen und wann Sie zuhören müssen. Die folgenden Tipps werden Ihnen dabei helfen, den Fluss des Small Talks besser zu steuern:

Seien Sie Sie selbst

Wenn Introvertierte versuchen, Gespräche zu führen, klingen sie oft so, als würden sie sich zu sehr anstrengen, was weder natürlich noch authentisch wirkt. Der Schlüssel liegt daher darin, dass Sie sich nicht so sehr anstrengen, dass Sie unecht oder unnatürlich klingen. Seien Sie stattdessen einfach Sie selbst. Auf diese Weise werden Ihre Gesprächspartner sofort erkennen, wenn Sie sich Ihnen öffnen und authentisch sind.

Wenn Sie sich nicht sicher sind, wie Sie sich öffnen können, überlegen Sie, was Sie einzigartig macht. Vielleicht haben Sie eine lustige Geschichte über etwas, das bei der Arbeit oder in der Schule passiert ist beizusteuern, oder kennen ein Filmzitat, das Ihnen immer einfällt, wenn Sie jemand fragt, was es Neues gibt. Derartige Anekdoten unterscheiden Sie von allen anderen und eignen sich perfekt, um den Small Talk zu steuern.

Stellen Sie gezielte Fragen

Beim Führen eines Gesprächs geht es zwar darum, Fragen zu stellen, aber nicht jede beliebige Frage reicht aus. Eine gute Frage muss gezielt und spezifisch sein, wie z.B. „Wo gehen Sie am liebsten Kaffee trinken?" oder „Sind Sie zum ersten Mal hier?" Diese Fragen ermöglichen es der anderen Person, etwas über sich selbst zu erzählen, und helfen ihr, sich im Gespräch mit Ihnen wohlzufühlen.

Stellen Sie Fragen, die Ihr Interesse signalisieren

Wenn jemand sagt, dass er Spanischunterricht nimmt, fragen Sie ihn, wie ihm der Unterricht gefällt. Ihr Gegenüber wird sich dadurch mehr mit Ihnen verbunden fühlen und mehr Informationen weitergeben, weil die Person weiß, dass sie jemanden hat, der sich dafür interessiert, was sie im Unterricht lernt.

Wenn Ihnen jemand erzählt, dass er gerade in die Stadt gezogen ist, fragen Sie ihn, was ihn dorthin geführt hat. Fragen Sie nach dem Outfit oder dem Schmuck der Person, wenn Sie auf einer Veranstaltung oder Party ein Gespräch mit einem Fremden beginnen möchten. So haben Sie beide ein leichtes Gesprächsthema und das Eis ist gebrochen.

Machen Sie Kommentare über Ihre Umgebung

Aussagen über das, was sich um Sie herum befindet, helfen Ihnen oft dabei, das Gespräch zu eröffnen. Machen Sie Kommentare, die für die

Situation relevant sind und die andere Person interessieren, wie z.B. „Wow, dieses Eis ist köstlich" oder „Es ist so schön hier draußen heute Abend". Sie können auch fragen, was Ihr Gegenüber von bestimmten Dingen hält (z.B. Ihr Outfit oder Ihren Schmuck), was die Person dann wieder zum Reden bringen sollte.

Erzählen Sie etwas über sich selbst

Eine der besten Möglichkeiten, um ein Gespräch wieder in Gang zu bringen, wenn alle Beteiligten aufgehört haben, miteinander zu reden, ist es, interessante Dinge über sich selbst zu erzählen. Zum Beispiel könnten Sie so etwas sagen wie: „Oh, Sie mögen diese Band auch?" oder „Ich überlege, mir diese Sonnenbrille zu kaufen." Derartige Kommentare sind in der Regel eine gute Wahl, weil sie nicht zu persönlich sind und von der anderen Person kein großes Engagement verlangen.

Wenn Ihnen jemand eine Frage über Sie selbst stellt, antworten Sie kurz und lenken Sie das Gespräch dann wieder auf die andere Person. Wenn Sie zum Beispiel gefragt werden, wie alt Sie sind, antworten Sie kurz und sagen dann: „Aber was ist mit Ihnen? Was ist Ihre Geschichte?"

Bieten Sie Ihrem Gegenüber eine Redemöglichkeit

Wenn Sie schon keine offenen Fragen stellen möchten, sollten Sie Ihrem Gesprächspartner wenigstens die Möglichkeit zu sprechen geben. Sie können dazu einfach mit dem Kopf nicken und „mm-hmm" oder „ja" sagen, wenn Ihr Gesprächspartner etwas Interessantes oder Informatives sagt. Sie müssen nichts bestimmtes sagen, aber alleine das Wissen, dass jemand zuhört, wird es dem Gesprächspartner leichter machen, sich Ihnen gegenüber zu öffnen.

Machen Sie Ihre Antworten so interessant und fesselnd wie möglich

Der Small Talk kann abrupt enden, wenn Sie uninteressante Antworten auf die Fragen der anderen Person geben. Wenn Sie gefragt werden, wie Ihr Wochenende war, sollten Sie daher nicht einfach „gut" antworten und es dabei bewenden lassen. Erzählen Sie ein paar interessante Details. Sagen Sie Dinge wie: „Meine Freunde und ich waren in den Bergen wandern, das war einfach toll! Wir sind auf den höchsten Gipfel geklettert und hatten eine fantastische Aussicht." Das ist eine viel bessere Anekdote als „Es war schön".

Sie können natürlich auch Gegenfragen stellen, um das Gespräch flüssiger zu gestalten. Wenn Ihr Gesprächspartner anfängt, über sein

Wochenende zu sprechen, fragen Sie ihn zum Beispiel, was er gemacht hat und wie es gelaufen ist. Auf diese Weise müssen Sie sich nicht noch mehr einfallen lassen, was Sie der Person sagen könnten. Er gibt Ihnen all die Informationen, auf die Sie reagieren können.

Es ist wichtig, dass Sie daran denken, dass nicht jedes Gespräch reibungslos verlaufen muss. Manchmal herrscht peinliche Stille oder Ihr Gesprächspartner sagt etwas Seltsames oder etwas, das nicht zum Thema passt. In diesen Fällen sollten Sie nicht in Panik verfallen. Am besten nehmen Sie es einfach zur Kenntnis und machen unbeirrt weiter. Nehmen wir zum Beispiel an, Ihr Gesprächspartner sagt etwas, das nichts mit dem Thema der Diskussion zu tun hat. In diesem Fall könnten Sie mit: „Ja..." (mit einem verwirrten Gesichtsausdruck) antworten und das Gespräch dann mit dem fortsetzen, was vorher Thema war. Oder wenn Ihnen eine Frage gestellt wird und Sie nicht wissen, wie Sie antworten sollen, sagen Sie *das einfach offen*. Die einfachste Art, mit dieser Situation umzugehen, ist es: „Ich weiß es nicht" oder „Ich habe dazu noch keine Meinung" zu sagen. Das mag sich zwar so anfühlen, als seien Sie zu ehrlich, aber es gibt Ihnen die Möglichkeit, eine Lösung für die Situation zu finden, anstatt gar nichts zu sagen.

Vertiefen Sie die Konversation

Je besser die Qualität Ihrer Fragen desto mehr helfen sie Ihnen dabei, das Gespräch in Gang zu halten. Sagen Sie statt „Ja oder Nein"-Fragen lieber „Warum?" oder „Wie?" Fragen. Diese Fragen sind offener und geben Ihrem Partner die Möglichkeit, seine Gründe in Ruhe zu erläutern, anstatt Ihnen eine kurze Antwort zu geben. Wenn Sie zum Beispiel jemand fragt: „Was ist Ihr Lieblingsfilm?" und Sie sagen: „Star Wars", könnte das Gespräch damit beendet sein. Wenn man Sie jedoch fragt: „Warum mögen Sie Star Wars so sehr?" oder „Wie haben Sie sich gefühlt, als Luke Skywalker zum ersten Mal mit Yoda auf Dagobah trainierte?", eröffnet dies neue Diskussionsmöglichkeiten, die sonst vielleicht nicht zugänglich gewesen wären.

Das Hauptziel des Small Talks besteht darin, das, was jemand sagt, auf den Punkt zu bringen, um zu verstehen, was für die Person wichtig ist. So erfahren Sie mehr über den anderen und vermeiden unangenehme Momente, in denen eine Person das Gefühl hat, dass sie nichts mehr zu sagen hat. Wenn Sie sich in einer Gruppe befinden, sollten Sie derjenige sein, der ein Gespräch beginnt. Wenn es kurz eine unangenehme Stille gibt, lassen Sie es nicht dabei bewenden, sondern nehmen Sie die Sache selbst in die Hand und sagen Sie etwas. So gehen Sie aus sich heraus und die Leute fühlen sich in Ihrer Nähe wohler, weil sie wissen, dass Sie etwas zum Gespräch beitragen können, wenn sie selbst es nicht können.

Erkennen Sie nonverbale Hinweise

Um ein guter Gesprächspartner zu sein, müssen Sie lernen, die nonverbalen Signale der Menschen in Ihrer Umgebung wahrzunehmen. Die Körpersprache (die Bewegungen und Positionen des Körpers) kann Ihnen Aufschluss darüber geben, wie sich jemand fühlt, was er sagt oder wie er zu dem steht, was in seiner Umgebung geschieht. Mit etwas Übung können Sie lernen, auf soziale Signale angemessen zu reagieren. Achten Sie auf die folgenden nonverbalen Signale, wenn Sie mit jemandem Small Talk führen wollen:

Gesichtsausdrücke

Wenn die Person lächelt und lacht, hat sie wahrscheinlich Spaß. Wenn sie die Stirn runzelt oder ernst dreinschaut, wechseln Sie das Thema oder den Ton der Unterhaltung.

Wenn Sie bemerken, dass jemand die Augenbrauen hochgezogen hat, ist er vielleicht überrascht oder verwirrt von dem, was Sie gesagt haben. Das könnte eine gute Gelegenheit sein, um genauer zu klären, was mit Ihrer Aussage gemeint war, oder eine Frage zu stellen, um herauszufinden, warum die Person so überrascht scheint.

Kinesics

Die kinesische Kommunikation befasst sich mit nonverbalem Verhalten, wie Gestik und Mimik. Wenn Sie introvertiert sind, fällt es Ihnen vielleicht schwer, in sozialen Situationen Small Talk zu führen. Es gibt jedoch Möglichkeiten, das Gespräch weiterzuführen, ohne dabei selbst sprechen zu müssen.

Wenn Sie beispielsweise alle paar Minuten auf Ihre Uhr oder Ihr Telefon schauen, erwecken Sie den Eindruck, dass Sie sich nicht für das interessieren, was Ihre Gesprächspartner sagen. Wenn Sie jedoch aufschauen und auf Augenkontakt mit Ihrem Gesprächspartner achten, wird dieser davon ausgehen, dass Sie ihm zuhören und sich für das interessieren, was er Ihnen sagt. Sie sollten auch auf die Körpersprache der Person achten. Wenn jemand die Arme verschränkt oder mit dem Fuß wippt, wenn er nervös wird oder sich unwohl fühlt, gibt ihm das die Möglichkeit, Luft zu holen, bevor er den nächsten Satz beginnt.

Eine andere Möglichkeit besteht darin, mit dem Kopf zu nicken und „Mmm-hmm" oder „Ja, erzählen Sie gerne weiter" zu sagen, wenn jemand mit Ihnen spricht. Das zeigt, dass Sie zuhören und sich für das interessieren, was die Person sagt, und ermutigt sie, weiterzumachen.

Lernen Sie von Menschen, die Meister der Konversation sind

Großartige Gesprächspartner sind wie herausragende Künstler: Sie haben einen scharfen Blick für Details und haben oft schon lange die Fähigkeit entwickelt, die Dinge anders zu sehen als die meisten anderen Menschen. Sie müssen diese großen Gesprächskünstler und ihre Angewohnheiten studieren, um selbst zu einem besseren Gesprächspartner zu werden! Hören Sie Ihnen genau zu, wenn Ihre Freunde über ihr Leben sprechen oder über das, was sie in den Nachrichten lesen, achten Sie aktiv auf die Gesprächsmuster, wenn Sie neue Menschen treffen, die besonders interessant oder charismatisch zu sein scheinen, und achten Sie darauf, wie die Dialoge in Ihren Lieblingssendungen oder -filmen geschrieben sind.

Sie werden rasch feststellen, dass es bei großartigen Gesprächen oft um viel mehr als Worte geht, es geht auch um Energie und Körpersprache. Viele Menschen haben einen natürlichen Redefluss, der die Menschen beschäftigt und ihnen Lust auf mehr macht. Außerdem finden sie im gegenwärtigen Moment statt. Kein guter Gesprächspartner sagt Dinge wie: „Früher..." oder „Erinnern Sie sich noch daran, als man ein Haus für 50.000 Euro kaufen konnte?" Konzentrieren Sie sich stattdessen auf das, was jetzt gerade passiert. Das soll nicht heißen, dass Sie nie über die Vergangenheit oder die Zukunft sprechen sollten. Stattdessen hilft die Regel Ihnen, eine zu allgemeine Antwort zu vermeiden, was die meisten Menschen tun, etwas, zu dem die meisten Menschen neigen, wenn sie nach etwas aus der Vergangenheit gefragt werden. Sie geben in solchen Fällen eine kurze Antwort wie „Ich fand es toll" oder „Das war nicht so gut". Derartige Aussagen fesseln die Leute nicht und bringen sie auch nicht dazu, mit dem Small Talk fortzufahren.

Erläutern Sie Ihre Antwort im Detail, wenn Ihnen eine Frage über die Vergangenheit gestellt wird. Erklären Sie Ihrem Gegenüber, warum Sie bestimmte Dinge toll oder nicht so toll fanden. Derartige Aussagen können so einfach sein wie: „Ja, ich fand es toll, weil wir zusammen Spaß hatten und neue Freunde gefunden haben." Diese Antwort verwickelt die Leute in ein Gespräch, weil sie mehr über die Ereignisse wissen wollen.

Erfinden Sie ein Belohnungssystem

Als introvertierter Mensch brauchen Sie manchmal nur einen kleinen Anstoß, um den Sprung zu wagen und mit anderen Menschen zu reden. Eine einfache Möglichkeit besteht darin, sich ein Belohnungssystem zu schaffen. Wenn Sie z.B. auf einer Party mit fünf Personen sprechen, gönnen Sie Ihnen ein kostenloses Dessert oder jedes Mal, wenn Ihnen jemand eine Frage stellt und Sie antworten, schuldet er Ihnen einen Dollar (derartige Dinge können Sie sich natürlich nur vorstellen). Dabei ist es sehr wichtig, dass die Belohnung klein und greifbar sein muss. Sie können also keine Belohnung wie: „Ich werde mich besser fühlen" nehmen, denn das wird Sie nicht dazu motivieren, etwas Bestimmtes zu tun.

Wenn Sie bei dieser Übung ein wenig Hilfe brauchen, insbesondere, um verschiedene Ideen für Ihr Belohnungssystem zu finden, stellen Sie sich ein paar Fragen: Was mache ich gerne? Was würde mir in dieser Situation ein gutes Gefühl geben? Gibt es etwas Bestimmtes, das ich auf dieser Party erreichen möchte und über das ich mit Menschen sprechen muss? Sobald Sie eine Idee für Ihre Belohnung haben, schreiben Sie sie sich auf und bringen Sie sie an einem gut sichtbaren Ort an, damit Sie sich daran erinnern können.

Schreiben Sie schließlich auch ein paar Dinge auf, die Sie vermeiden möchten. Das sind die Verhaltensweisen, die Ihrem sozialen Erfolg auf dieser Party abträglich sind. Dazu gehören die folgenden Beispiele:

- Sich in der Ecke verstecken und allen Blickkontakt vermeiden.

- Menschen ignorieren, die versuchen, mit Ihnen zu sprechen.

- Sich wie ein introvertierter Mensch verhalten (früh gehen, nie das Wort ergreifen, wenn Gespräche um Sie herum geführt werden).

Als introvertierter Mensch sind Sie vielleicht manchmal zu hart zu sich selbst, besonders wenn eine bestimmte Begegnung nicht so verläuft, wie Sie es sich erhofft hatten. Wenn Sie auf der Party eine schlechte Begegnung erlebt haben, sollten Sie nicht darüber nachdenken oder sich selbst fertigmachen. Denken Sie stattdessen darüber nach, was Sie beim nächsten Mal anders machen können, damit die Dinge reibungsloser verlaufen. Üben Sie diese Tipps vor zukünftigen gesellschaftlichen Anlässen, damit sie bei Ihrer nächsten Begegnung ganz automatisch funktionieren. Denken Sie dabei auch daran, dass Sie mit diesem Gefühl nicht allein sind. Vielen introvertierten Menschen geht es bei sozialen Kontakten genauso wie Ihnen. Es ist für Sie schwierig, die eigene Schüchternheit zu überwinden, aber wenn Sie sehen, wie viel Freude und Nutzen Ihnen der Small Talk bringt, lohnt es sich gleich zu lernen, wie er richtig geht.

Kapitel 4: Ausprobieren: Die besten Small Talk-Themen

Small Talk ist für viele Menschen ein sehr einschüchternder Teil einer jeden sozialen Interaktion. Was soll man sagen, wenn man seinen Gesprächspartner kaum kennt? Ohne geeignete Gesprächsthemen kann die Erfahrung schnell unangenehm und anstrengend werden. Deshalb ist es wichtig, dass Sie sich mit einigen der besten Small Talk-Themen vertraut zu machen, um die Unterhaltung besser in Gang zu halten und dafür zu sorgen, dass sich alle amüsieren. Dieses Kapitel behandelt einige der Themen, die am besten für Small Talk geeignet sind und erklärt, wie Sie ihn in Ihren alltäglichen Gesprächen am besten verwenden können.

Oft ist es hilfreich, sich einige der Small Talk-Themen aufzuschreiben, die Sie im Gespräch mit anderen ansprechen können.
https://unsplash.com/photos/xxHDLWmc1wE

Wie Sie sich die richtigen Small Talk-Themen aussuchen

Small Talk-Themen können von heiter und zwanglos oder ernst und bedacht sein. Die Wahl des richtigen Themas für ein Gespräch hängt von verschiedenen Faktoren ab, wie z.B. davon, mit wem Sie gerade sprechen, vom Kontext des Gesprächs und davon, wie wohl Sie sich beim Besprechen verschiedener Themen fühlen.

Passen Sie das Thema an die Atmosphäre an

Eine Möglichkeit, um schnell herauszufinden, welche Small Talk-Themen am besten zu einer bestimmten Situation passen, besteht darin, zu beobachten, worüber andere Leute gerne sprechen. Sie können zum Beispiel das Thema Sport ansprechen, sofern es wie ein gutes Gesprächsthema für alle Beteiligten wirkt. So stellen Sie sicher, dass sich alle Anwesenden gut zu dem Thema äußern können. Das Wissen um den sozialen Kontext einer Situation ist entscheidend für die Wahl eines geeigneten Themas.

Lernen Sie Ihr Publikum kennen

Wenn Sie sich in einer formelleren oder professionelleren Gesellschaft befinden, halten Sie sich an weniger kontroverse Themen wie aktuelle Ereignisse, lokale Sehenswürdigkeiten und Ihre Hobbys. Wenn Sie sich hingegen mit Freunden oder Familienmitgliedern unterhalten, können Sie über alles sprechen, was Sie interessiert. Unabhängig davon, mit wem Sie sich unterhalten wollen, ist es wichtig, dass Sie Themen wählen, die eine offene und freundliche Gesprächsatmosphäre schaffen.

Ungezwungene Themen

Viele Menschen unterhalten sich beim Small Talk gerne über heitere Themen. Solche Gespräche können sich beispielsweise um Bücher oder Filme drehen, die sie kürzlich gelesen oder gesehen haben. Auch bevorstehende Pläne für das Wochenende, Lieblingsurlaubsziele oder lustige Anekdoten eignen sich hervorragend für einen ungezwungenen Austausch. All diese Themen bieten Ihnen eine gute Möglichkeit, das Eis zu brechen und das Gespräch in Gang zu halten.

Die Komfortzone

Ein weiterer wichtiger Faktor, den Sie bei Small Talk-Themen berücksichtigen sollten, ist die Frage, wie wohl Sie sich bei der

Diskussion bestimmter Themen fühlen. Wenn Ihnen also ein Thema unangenehm ist, vermeiden Sie es am besten. Anstatt ein heikles Thema anzusprechen, ist meist ein entspannteres, vertrautes Thema die bessere Wahl. So stellen Sie sicher, dass das Gespräch ohne unangenehme Pausen oder Momente der Anspannung abläuft.

Nutzen Sie Ihre Stärken

Wenn Sie sich meist wohler fühlen, wenn Sie mit anderen über Bücher statt über Filme sprechen, dann sorgen Sie dafür, dass dies das Thema ist, das Sie in Gesprächen mit anderen ansprechen. Wenn Sie mit dem Thema gut vertraut sind, fühlen sich alle Beteiligten wohl und können bei Bedarf ganz natürlich zu anderen Themen übergehen. Das macht das Gespräch für beide Parteien interessanter, da sie so etwas Neues lernen oder einen neuen Blickwinkel auf ein vertrautes Thema gewinnen.

Miteinander in Beziehung treten

Es ist immer wichtig, dass Sie eine gemeinsame Basis mit Ihrem Gesprächspartner finden. Wenn er eine gemeinsame Erfahrung oder ein gemeinsames Interesse erwähnt, sollten Sie das umgehend als Gelegenheit nutzen, um das Gespräch zu vertiefen und eine Verbindung zu Ihrem Gegenüber herzustellen. Stellen Sie Fragen zu den Erfahrungen des anderen. Möglicherweise lässt sich dadurch feststellen, ob Sie bestimmte gemeinsame Werte haben. Beginnen Sie ein Gespräch über ein Thema, das Sie beide interessiert, um Vertrauen und eine gute Beziehung zueinander aufzubauen. Wenn Sie ein ehrliches Interesse an Ihrem Gesprächspartner zeigen, ist er eher bereit, sich Ihnen gegenüber zu öffnen und ein angenehmes Gespräch zu führen.

Denken Sie schließlich auch daran, dass Sie sie selbst sein müssen. Andere Menschen merken es schnell, wenn Sie nicht authentisch sind, also müssen Sie stets natürlich und authentisch wirken. Scheuen Sie sich also nicht davor, ganz Sie selbst zu sein. Schließlich geht es bei ansprechenden Gesprächen hauptsächlich darum, sinnvolle Verbindungen zu anderen Menschen herzustellen.

Die häufigsten Small Talk-Themen

Die Kunst des Small Talks ist eine der wichtigsten Fähigkeiten, die Sie erlernen können, vor allem wenn Sie bei anderen einen guten Eindruck hinterlassen wollen. Ob bei Networking-Veranstaltungen, ersten Dates oder Gesprächen mit Fremden, der Small Talk kann Ihnen stets helfen, das Eis zu brechen und kann zu bedeutungsvollen Gesprächen führen.

Unabhängig von der genauen Situation sind Small Talk-Themen für eine sinnvolle Unterhaltung unerlässlich. Die Wahl des richtigen Themas schafft eine Umgebung, in der sich jeder in das Gespräch mit einbezogen fühlt und in der alle Gespräche natürlich verlaufen. Wenn Sie wissen, welche Themen Sie in verschiedenen Situationen besonders ansprechen können, und wie Sie Ihre Stärken ausspielen, können Sie sich erfolgreich an angenehmen Gesprächen mit Freunden, Ihrer Familie oder sogar mit Fremden beteiligen.

Da Sie nun die Grundlagen des Small Talks kennen, lassen Sie uns einige der besten Small Talk-Themen betrachten, die Sie in jeder Situation ansprechen können.

Filme und Fernsehsendungen

Filme und Fernsehsendungen sind hervorragend dazu geeignet, ein Gespräch mit den Menschen in Ihrer Umgebung zu beginnen. Es gibst so viele Genres, Streaming-Dienste mit unendlich vielen verfügbaren Inhalten, das jeder etwas hat, worüber er sich unterhalten kann - sei es der neueste Blockbuster oder ein alter Lieblingsfilm.

Binge-Watching ist in den letzten Jahren immer beliebter geworden, da Streaming-Dienste wie Netflix ganze Staffeln von Serien auf einmal anbieten. So ist es einfach, sich mehrere Episoden auf einmal anzusehen. Daher unterhalten sich viele Menschen gerne über ihre Lieblingssendungen und darüber, welche es ihrer Ansicht nach am meisten wert sind, gesehen zu werden. Wenn Binge-Watching bei Ihnen ein beliebtes Small Talk-Thema ist, könnten Sie Fragen stellen wie: „Welche Serien haben Sie sich am liebsten in einem Rutsch angeschaut?“ oder „Was ist Ihrer Meinung nach die beste Serie, die derzeit auf Netflix läuft?“ „Bevorzugen Sie Komödien oder Dramen?“

Großartige Filme sind allseits sehr beliebt, und es werden ständig neue Filme veröffentlicht – auch darüber wird gerne diskutiert. Die entscheidende Frage lautet meist: „Was sind die besten Filme, die man sich im Moment ansehen kann?“ Sie können sogar noch einen Schritt weiter gehen und fragen, was die Lieblingsfilme Ihres Gegenübers sind oder welche Filme er sich in letzter Zeit am liebsten angesehen hat. Diese Fragen können Sie auf einen interessanten Weg führen und bieten Ihnen reichlich Gesprächsstoff.

Wenn Sie dazu in der Lage sind, die Trailer genau zu besprechen, können Sie die Unterhaltung anregen. Sie können beispielsweise über

Ihre ersten Eindrücke sprechen, über die Handlung spekulieren oder betonen, wie sehr Sie sich auf einen Film freuen, der wahrscheinlich großartig sein wird. Wenn Sie sich über Trailer unterhalten, bietet Ihnen dies eine großartige Möglichkeit, um stets auf dem Laufenden zu bleiben, dadurch gibt es eine Menge Gesprächsstoff für alle, die Filme lieben. Das ist immer ein guter Weg, um Menschen ins Gespräch zu bringen und regt oft auch andere Gesprächsthemen an.

Soziale Medien

Die sozialen Medien sind zu einem festen Bestandteil unseres Lebens geworden. Daher ist es kein Wunder, dass sie ein derart beliebtes Thema für Small Talk sind. Sie könnten also ein Gespräch über die neuesten Trends oder Funktionen auf Ihren Lieblingsplattformen beginnen oder Ihren Gesprächspartner fragen, welche Plattform er bevorzugt und warum. Ein Gespräch darüber, wie Menschen soziale Medien nutzen, kann Ihnen eine gute Möglichkeit bieten, um jemanden besser kennenzulernen. Die Frage nach den Lieblingskonten oder -influencern der Person bietet Ihnen oft eine hervorragende Möglichkeit, um das Gespräch zu vertiefen.

Musik

Wenn Sie ein Musikliebhaber sind, kann auch ein Gespräch über Ihr Lieblingsgenre oder Ihre Lieblingsband der perfekte Einstieg in ein neues Gespräch sein. Wenn Sie über Ihren Musikgeschmack sprechen, erhalten Sie einen guten Einblick in die Persönlichkeit und die Interessen des anderen. Von Indie-Rock bis hin zu Rap gibt es zweifellos etwas, über das beide Parteien gerne reden. Stellen Sie Ihrem Gegenüber Fragen über Lieblingslieder, Lieblingskünstler und darüber, warum die Person besonders diese Dinge so sehr zu schätzen weiß. Erzählen Sie zum Beispiel Geschichten von Konzerten, die Sie besucht haben, oder von Alben, mit denen Sie besondere Erinnerungen verbinden.

Live-Auftritte bieten Ihnen eine weitere gute Möglichkeit, um sich mit anderen über Musik zu unterhalten. Der Besuch von Konzerten bietet Ihnen die Gelegenheit, sich über gemeinsame Erlebnisse auszutauschen, und das Gespräch über vergangene Konzerte ist eine gute Möglichkeit, in Erinnerungen zu schwelgen. Fragen Sie sich gegenseitig nach den letzten Konzerten, die Sie besucht haben. „Warst du in letzter Zeit auf einem tollen Konzert?" oder „Was war das beste Konzert, das du je gesehen hast?"

Auch Musikvideos können ein großartiges Gesprächsthema sein. Musikvideos geben Ihnen einen Einblick in die kreative Vision und den Stil eines Künstlers. Sprechen Sie mit Ihrem Gesprächspartner über die visuelle Gestaltung des Videos, also zum Beispiel über Farbe, Beleuchtung oder andere Elemente. Hat das Video eine allgemeine Botschaft oder ein Thema? Was glauben Sie, was der Künstler mit seiner Kunst durch das Video vermitteln wollte? Schauen Sie sich das Video gemeinsam an, um zu sehen, ob Ihnen etwas Ungewöhnliches oder Amüsantes auffällt. Wenn es sich um ein humorvolles Video handelt, nutzen Sie die Gelegenheit, um gemeinsam über die Witze zu lachen und alberne Kommentare zu den Geschehnissen in der Szene auszutauschen. Ganz gleich, ob Ihr Musikgeschmack eher in Richtung klassischer Rock oder in Richtung Pop geht, ein Gespräch über Musik bietet Ihnen eine gute Möglichkeit, um andere besser kennenzulernen.

Sport und Fitness

Sport und Fitness sind großartige Gesprächsthemen, um jemanden auf einer persönlicheren Ebene besser kennen zu lernen. Ob man über die eigenen Lieblingsteams, Spieler oder sportliche Momente spricht, über Trainingsroutinen oder Tipps dazu, wie man an seiner Fitness arbeiten kann, oder über vergangene und bevorstehende sportliche Wettkämpfe - Gespräche über Sport bieten Ihnen hervorragende Kommunikationsmöglichkeiten.

In Bezug auf Teams und Spieler gibt es besonders viel zu besprechen. Welche Teams mögen Sie gerne? Wer sind Ihre Lieblingsspieler? Wie lange verfolgen Sie deren Karriere schon? Was war das aufregendste Spiel oder der spannendste Moment der letzten Jahre? Derartige Fragen können der Anfang faszinierender, stundenlanger Gespräche sein!

Workouts und Sport sind eine weitere gute Möglichkeit, um ein Gespräch zu beginnen. Sie können sich darüber unterhalten, welche Übungen Sie machen, oder die andere Person bitten, Ihnen ein paar Tipps zu geben, um gut in Form zu bleiben. Vergleichen Sie Ihre Trainingsroutinen und besprechen Sie Strategien, um sich gegenseitig zu helfen.

Sie können über bevorstehende Wettbewerbe und Ereignisse sprechen oder gemeinsam vergangene Ereignisse zu analysieren. Dadurch haben Sie eine hervorragende Gelegenheit, um die Leute zum Plaudern zu bringen. Es macht Spaß, darüber zu spekulieren, wer gewinnen wird und warum, oder die spannenden Momente früherer Spiele gemeinsam noch einmal zu erleben. Diese Unterhaltungen sind nicht nur unterhaltsam, sondern können auch sehr lehrreich sein.

Reisen

Ein weiteres lustiges Gesprächsthema ist das Reisen. Menschen sprechen gerne über ihre Lieblingsorte, Orte, die sie bereist haben oder Orte, die Sie gerne besuchen würden. Sie können Ihr Gegenüber fragen, welche Orte sie gerne erkunden würden, wo sie schon waren und welche Orte sie besonders beeindruckt haben. Wenn Sie noch nicht viel gereist sind, ist dies eine großartige Möglichkeit, um mehr über verschiedene Kulturen, Städte und Lebensstile auf der ganzen Welt zu erfahren. Sie können über bevorstehende Reisen sprechen oder darüber, welche Aktivitäten die andere Person gerne auf Reisen unternimmt. Sehen sie sich die Sehenswürdigkeiten an oder faulenzen sie lieber am Strand? Welche Speisen genießen sie in den verschiedenen Ländern?

Sie könnten darüber sprechen, welche Art von Reisen sie am liebsten machen oder Tipps für ein bestimmtes Reiseziel austauschen. Wenn Sie ähnliche Reisevorlieben haben, nutzen Sie diese Gelegenheit, um über Ihre zukünftigen Reisepläne zu sprechen.

Wenn man über Reisen spricht, kann man sich auch gut über das Essen an verschiedenen Orten unterhalten. Stellen Sie Fragen wie: „Welche traditionellen Speisen haben Sie probiert?" „Haben Sie Empfehlungen von Einheimischen bekommen, zum Beispiel darüber, wo Sie essen können?" „Sind Sie auf interessante Gerichte gestoßen, die Sie überrascht haben?" Diese Fragen ermöglichen es beiden Parteien, verschiedene Erfahrungen zu teilen und Geschichten über das Essen auszutauschen. Ganz gleich, ob Sie über zukünftige Reisepläne, vergangene Reisen oder einfach nur über die verschiedenen Orte, an denen jemand war, sprechen, ein Gespräch über das Reisen ist immer ein interessanter Gesprächseinstieg.

Das Wetter

Eines der häufigsten Gesprächsthemen ist das Wetter - ein leichtes Thema, das zu interessanten Gesprächen führen kann. Beginnen Sie mit der Frage, welches Klima sie bevorzugen und warum. Daraus könnte sich schnell ein ausführliches Gespräch über ihre Lieblingsorte, -aktivitäten oder -klimata entwickeln.

Sprechen Sie darüber, welche Jahreszeit sie am liebsten mögen, Winter oder Sommer. „Wie verbringen Sie Ihre Zeit am liebsten, wenn es draußen kalt ist?" oder „Wie verbringen Sie normalerweise Ihren Sommer?" Das könnte eine gute Gelegenheit sein, um gemeinsame Aktivitäten im Freien zu planen.

Wenn Sie sich abenteuerlich fühlen, können Sie auch wilde Wetterthemen wie Tornados oder Wirbelstürme ansprechen. Stellen Sie Ihrem Gesprächspartner Fragen wie: „Haben Sie schon einmal einen Tornado erlebt?" oder „Was ist der verrückteste Sturm, den Sie je erlebt haben?" Diese Themen werden zu einer Menge spannender Gespräche beitragen.

Familie

Die Familie ist ein unglaublich wichtiges Thema und kann ein großartiger Gesprächseinstieg sein. Sie könnten mit der Frage beginnen, wie viele Geschwister Ihr Gesprächspartner hat, was seine Eltern beruflich machen, oder sich an die lustigsten Momente in Ihrem Leben mit Ihren Familienmitgliedern erinnern. Das bietet Ihnen eine hervorragende Gelegenheit, um über Familientraditionen oder Geschichten zu sprechen, die über Generationen hinweg weitergegeben wurden. „Erinnern Sie sich an Ihre Kindheit?" oder „Gibt es in Ihrer Familie Lieblingsrezepte?"

Sie könnten über vergangene Familienurlaube und die verrücktesten Dinge, während dieser Reisen plaudern und sie bitten, lustige Geschichten über diese Erlebnisse zu erzählen. Sprechen Sie über die Traditionen der einzelnen Familienmitglieder. So erfahren Sie mehr über deren persönliche Geschichte und können eine engere Bindung zu ihnen aufbauen.

Wenn Sie über bevorstehende Feiertage oder andere besondere Anlässe wie Geburtstage und Jahrestage sprechen, können Sie die anderen Menschen im Gespräch zusammenbringen. Stellen Sie ihnen Fragen wie: „Was war Ihr Lieblingsurlaub?" oder „Wie feiern Sie normalerweise besondere Anlässe mit Ihrer Familie?" Das Thema Familie hilft oft hervorragend dabei, das Eis zu brechen. Fragen Sie sie nach den amüsantesten Dingen, die die Eltern der Person unternommen haben, als sie noch Kinder waren, oder vergleichen Sie verschiedene Erziehungsstile miteinander. Wer weiß? Vielleicht bekommen Sie sogar ein paar neue Ideen, die Sie mit Ihrer eigenen Familie teilen können.

Arbeit

Die Arbeit kann ein großartiger Gesprächsanlass sein, vor allem, wenn Sie über berufliche Ziele sprechen. Stellen Sie Fragen wie „An welchem Projekt arbeiten Sie gerade?" oder „Was sehen Sie für Ihre berufliche Zukunft?" Die Arbeit wird Ihnen dabei helfen, das Gespräch in Gang zu bringen und Ihnen die Möglichkeit geben, mehr über die Ambitionen und Ziele des anderen zu erfahren.

So haben Sie die Möglichkeit, Ratschläge oder Unterstützung anzubieten, die ihnen helfen könnten, ihre Ziele zu erreichen. Ein weiteres wichtiges Thema ist die Vereinbarkeit von Beruf und Privatleben. Dies ist für die meisten Menschen ein wichtiges Thema. Wenn Sie also darüber sprechen, wie Sie Ihr Arbeitspensum bewältigen und dabei noch Zeit für sich selbst und Ihre Lieben finden, kann das ein Anliegen sein, das Sie mit Ihrem Gesprächspartner verbindet. Wer weiß, vielleicht können Sie ja etwas voneinander lernen, um das Beste aus Ihrem Leben zu machen.

Klatsch und Tratsch über Prominente

Klatsch und Tratsch über Prominente ist immer ein unterhaltsames Thema. Es macht Spaß, sich über die neuesten Veröffentlichungen und Trends zu informieren, an denen Prominente beteiligt sind. Wenn Sie über Neuerscheinungen sprechen, könnten Sie zum Beispiel damit beginnen, welche Filme in letzter Zeit herausgekommen sind oder welche Songs die Charts anführen. Stellen Sie Fragen wie: „Wie hat dir der letzte Kinofilm, den du gesehen hast, gefallen?" oder „Hast du einen Lieblingssong von diesem Album?" Es ist toll, durch derartige Fragen den Geschmack des anderen kennenzulernen.

Auch Preisverleihungen geben Ihnen einen unterhaltsamen Gesprächsansatz. Fragen Sie Dinge wie: „Wer hätte Ihrer Meinung nach bei der Show einen Preis gewinnen sollen?" „Was waren einige der denkwürdigsten Momente?" „Was haben Sie von den Darbietungen gehalten?"

Sprechen Sie über die Modetrends und über die Outfits, die die Prominenten gerade tragen. Diskutieren Sie, was in Sachen Streetwear oder auf dem roten Teppich gerade angesagt ist. Stellen Sie Fragen wie „Wer hatte Ihrer Meinung nach das beste Outfit bei der Show?" und „Was war Ihr Lieblingslook aus der Kollektion dieser Saison?"

Technologie

Die neueste Technologie bietet Ihnen ein großartiges Gesprächsthema, denn diese entwickelt sich ständig weiter und bietet Ihnen viele interessante Gesprächsanlässe. Sie können über die neuesten Gadgets, Software-Entwicklungen oder sogar über Ihre Lieblings-Apps sprechen.

Wenn Sie über Gadgets sprechen, fragen Sie die andere Person, welche Hardware sie besitzt. „Welche Erfahrungen haben Sie mit diesem Gerät gemacht?" „Was sind Ihrer Meinung nach die wichtigsten Stärken und Schwächen?" Sie können lebhafte Debatten darüber führen, welche Geräte die besten sind oder warum man beim Kauf eines neuen Geräts auf bestimmte Funktionen achten sollte.

Wenn Sie über Software und Apps sprechen, können Sie Ihre Gesprächspartner dazu bringen, ihre Meinung zu bestimmten Programmen oder Diensten zu äußern. Vielleicht gibt es eine App, die Sie beide regelmäßig nutzen, oder eine, die Ihnen kürzlich ins Auge gefallen ist. Vergleichen Sie die Funktionen der einzelnen Programme und diskutieren Sie, welches Programm für bestimmte Aufgaben besser geeignet ist.

Die sozialen Medien bieten Ihnen ein weiteres großartiges Thema, wenn Sie sich gerne über Technologie unterhalten. Welche Plattformen nutzen Sie? Wie aktiv sind Sie auf ihnen? Haben diese Apps die Art und Weise, wie Menschen miteinander interagieren, verändert oder ihr tägliches Leben beeinflusst? Es ist interessant, die verschiedenen Sichtweisen der Menschen zu hören und neue Möglichkeiten zur Nutzung vertrauter Apps kennenzulernen.

Hobbys

Das Thema Hobbys bietet Ihnen einen hervorragenden Gesprächseinstieg und hilft Ihnen dabei, eine andere Person besser kennenzulernen. Fragen Sie sie, was sie in ihrer Freizeit gerne tun, also zum Beispiel lesen, schreiben, Sport treiben oder wandern. Sie können sogar konkrete Fragen zu den Aktivitäten stellen, die sie am meisten interessieren. Zum Beispiel: „Welche Art von Literatur lesen Sie am liebsten?" und „Machen Sie gerne Sport?"

Sprechen Sie über gemeinsame Hobbys. Wenn Sie über diese Themen sprechen, fühlen Sie sich sofort durch gemeinsame Interessen und Erfahrungen verbunden. Fragen Sie sie: „Was ist das Beste an Ihrem (Hobby)?" oder „Wie lange machen Sie das schon?" Sprechen

Sie anschließend über Ihre Hobbys, damit Sie Geschichten und Erfahrungen austauschen können.

Heimatstadt

Ein Gespräch über die Heimatstadt wird immer dann interessant, wenn Sie mehr über die Wurzeln und die Kultur des anderen erfahren. Stellen Sie ihm Fragen wie: „Was vermissen Sie am meisten an Ihrer Heimatstadt?" oder „Was sind einige der Sehenswürdigkeiten, die man besuchen sollte, wenn man jemals dorthin kommt?" Sie werden ihre Herkunft verstehen und was sie einzigartig macht.

Unterhalten Sie sich über die Veränderungen, die ihre Heimatstadt im Laufe der Jahre erfahren hat, wie sie sich entwickelt hat und wie sie ihr Leben verändert hat. Wenn Sie über verschiedene Erlebnisse und Erfahrungen sprechen, fühlen sich beide Seiten dadurch oft verbunden. Es gibt Ihnen Ideen für Orte, die Sie auf Ihren Reisen besuchen können. Die lokale Küche ist ein großartiges Thema, wenn Sie über Ihre Heimatstadt sprechen - was sind ihre Lieblingsgerichte und -restaurants? Sie können Ihren Gesprächspartner fragen, ob es Geheimtipps gibt, die Sie sich ansehen sollten.

Jeder Mensch hat eine einzigartige Geschichte, und es ist Ihre Aufgabe, der anderen Person zuzuhören und sich einzubringen. Je mehr Sie über die Heimatstadt einer Person wissen, desto mehr können Sie eine emotionale Verbindung zu der Person aufbauen. Scheuen Sie sich also nicht davor, Fragen zu stellen - werden Sie neugierig und erkunden Sie die Stadt.

Gesundheit

Die Gesundheit ist ein wichtiges Gesprächsthema, wenn Sie sich mit anderen Menschen unterhalten. Sie können über Ernährung und Diät, sich über das geistige Wohlbefinden austauschen oder über verschiedene Aktivitäten sprechen. Unterhalten Sie sich darüber, welche Lebensmittel am besten für Ihren Körper sind, wie Sie gesund bleiben und Ihr geistiges Wohlbefinden aufrechterhalten können, und lernen Sie verschiedene Übungen kennen, die anderen Menschen dabei helfen, fit und gesund zu bleiben.

Stellen Sie Fragen wie „Welches Fitnessprogramm machen Sie?" oder „Haben Sie Tipps für einen gesünderen Lebensstil?" Diese Fragen helfen Ihnen dabei, einen tieferen Einblick in die Gesundheitsgewohnheiten der Person zu bekommen und könnten Ihnen hilfreiche Tipps dazu geben, wie Sie gesund bleiben können.

Sprechen Sie über die Wichtigkeit der geistigen Gesundheit und darüber, wie man sie am besten erhalten kann. Fragen Sie zum Beispiel: „Was hilft Ihnen dabei, positiv zu bleiben?" oder „Was tun Sie, wenn Sie sich überfordert fühlen?" Dies fördert einen positiven Dialog zum Thema psychische Gesundheit und schafft einen sicheren Raum, in dem beide Parteien ihre Gedanken offen äußern können.

Im Gespräch geht es um die gemeinsame Verbindung. Unabhängig davon, welche Themen Sie mit jemandem besprechen möchten, ist es wichtig, stets offen und respektvoll zu sein. Sie wollen die andere Person schließlich besser kennenlernen. Seien Sie also aufgeschlossen und hören Sie aktiv zu - versuchen Sie, sich nicht zu sehr auf ein Thema zu konzentrieren.

Und schließlich sollten Sie auch daran denken, dass ein Gespräch immer in beide Richtungen ausgeglichen sein sollte. Nachdem Sie der anderen Person Fragen zu ihren Hobbys, der Heimatstadt oder der Gesundheit gestellt haben, müssen Sie auch Ihre eigenen Erfahrungen in das Gespräch einbringen. So entsteht ein ausgewogener Dialog, der einen sinnvollen Austausch zwischen beiden Parteien fördert.

Kapitel 5: Vermeiden: Die schlimmsten Small Talk-Themen

Jeder Mensch hat eine grobe Vorstellung davon, wie man Small Talk macht und welche Themen man am besten anspricht, um das Eis zu brechen und ein Gespräch zu beginnen. Das ist eine dieser sozialen Regeln, die man seit seiner Kindheit verinnerlicht hat. Aber was passiert, wenn das Gespräch ein wenig zu persönlich wird? Viele Themen sind für eine leichte Konversation mit einem Fremden unangemessen. Wenn Sie sich versehentlich in einen dieser unangenehmen Themenbereiche begeben, ist es am besten, das Gespräch schnell in eine andere Richtung zu lenken.

Bei jeder Unterhaltung ist es wichtig zu wissen, worüber man nicht sprechen sollte.

https://www.pexels.com/photo/woman-wearing-teal-dress-sitting-on-chair-talking-to-man-2422280/

Worüber man nicht reden sollte

Sie sollten einschätzen können, was als angemessener Gesprächsstoff gilt, aber wenn Sie mit jemandem sprechen, den Sie nicht kennen, kann das eine Herausforderung sein. Am besten sollten Sie keine Themen ansprechen, die zu persönlich, kontrovers oder sensibel sind, um unangenehme Gespräche zu vermeiden. Dieses Kapitel befasst sich mit den schlimmsten Small Talk-Themen und gibt Ihnen Tipps dazu, wie Sie sie vermeiden können.

Politik

Eines der berüchtigtsten Small Talk-Themen, die man vermeiden sollte, ist das Thema Politik. Vielen Menschen fällt es schwer, politische Themen höflich und respektvoll anzusprechen, vor allem dann, wenn Sie mit jemandem sprechen, der Ihre Ansichten vielleicht nicht teilt. Politische Gespräche können schnell hitzig werden und sollten daher besser nicht Teil des Small Talks sein. Konzentrieren Sie sich stattdessen auf Themen, die Menschen zusammenbringen, wie z.B. gemeinsame Hobbys, Musikvorlieben oder Reiseerfahrungen. So schaffen Sie eine positivere Gesprächsatmosphäre und es fällt Ihnen leichter, die andere Person kennenzulernen. Unabhängig vom Gesprächsthema ist es wichtig, stets achtsam und höflich zu sein, wenn Sie sich mit einem Fremden unterhalten. Wenn Sie aufmerksam zuhören und gut überlegte Fragen stellen, zeigt das, dass Sie wirklich an Ihrem Gesprächspartner interessiert sind. Ein respektvoller Dialog kann dazu beitragen, dass politische Themen nicht in einen Streit ausarten und dass Sie sich auf einer respektvolleren Ebene begegnen können.

Religion

Religion ist ein weiteres Gesprächsthema, das schnell unangenehm werden kann. Verschiedene Kulturen und Religionen haben in der Regel unterschiedliche Glaubensvorstellungen, so dass es für Small Talk ungeeignet ist, die Unterschiede im Detail zu erörtern. Wenn Sie zum Beispiel mit einem Fremden über Religion sprechen, sollten Sie sich auf die Gemeinsamkeiten der verschiedenen Glaubensrichtungen konzentrieren, anstatt die Unterschiede zu diskutieren. Es ist dabei wichtig, dass Sie kontroverse Themen im Zusammenhang mit der Religion, wie Politik oder Moral, nicht ansprechen. Selbst wenn Sie eine ausgeprägte Meinung zu diesen Themen haben, ist es unangebracht, sie beim Small Talk zu äußern. Konzentrieren Sie sich stattdessen darauf, die Überzeugungen Ihres Gesprächspartners zu unterstützen und gezielte Fragen zu stellen, ohne ihn zu verurteilen. So schaffen Sie eine respektvolle und angenehme Atmosphäre für das Gespräch.

Obwohl es am besten ist, beim Small Talk nicht über Religion zu sprechen, kann das manchmal schwierig sein. Wenn Sie bemerken, dass das Gespräch auf religiöse Themen abschweift, ist es wichtig, sensibel und achtsam mit dem Glauben Ihres Gegenübers umzugehen. Erkennen Sie den Glauben Ihres Gesprächspartners respektvoll an, aber versuchen Sie, das Gespräch wieder auf angemessenere Themen zu lenken. Auf diese Weise können beide Parteien einen angenehmen und respektvollen Dialog führen, ohne sich unwohl zu fühlen oder von Ihrem Gegenüber verurteilt zu werden.

Geld und Schulden

Geld ist ein Thema, das beim Small Talk vermieden werden sollte. Das Thema persönliche Finanzen kann selbst bei der selbstbewusstesten Person Sorgen oder Scham hervorrufen. Außerdem kann das Thema Geld geschmacklos wirken und Ihrem Gegenüber Unbehagen bereiten. Am besten ist es, wenn Sie beim Small Talk gänzlich auf das Thema Geld verzichten. Wenn Ihr Gesprächspartner das Thema anspricht, sollten Sie das Gespräch stattdessen auf allgemeine Themen wie Wirtschaftstrends oder aktuelle Ereignisse lenken, anstatt sich in persönliche Angelegenheiten zu vertiefen. Sie können über die Inflation und den Arbeitsmarkt sprechen, ohne dabei zu persönlich zu werden. Auf diese Weise halten Sie sich von den heiklen Aspekten des Themas Geld fern und haben trotzdem ein angenehmes, interessantes Gespräch.

Ebenso ist es unhöflich, die andere Person zu fragen, womit sie sich ihren Lebensunterhalt verdient, es sei denn, es ist klar, dass sie damit einverstanden ist, über ihren Job zu sprechen. Vermeiden Sie Themen wie Gehalt oder Gespräche darüber, wie viel Dinge kosten. Vermeiden Sie es auch, über Investitionen und Steuerpläne zu sprechen, da dies sehr heikle Themen sein können. Konzentrieren Sie sich stattdessen auf die positiven Aspekte der Arbeit und vermeiden Sie alles, was zu persönlich ist.

Vielleicht sind Sie versucht, über Aktien oder andere Investitionen zu sprechen, die sich für Sie bewährt haben. Dies kann jedoch dazu führen, dass sich die andere Person nicht gut genug oder ausgeschlossen fühlt. Am besten ist es, sich auf weitgefächerte Themen zu konzentrieren, die nicht zu persönlich oder aufdringlich wirken.

Denken Sie daran, dass Geld nicht als Barometer für den Wert einer Person verwendet werden sollte. Vermeiden Sie es, Vermutungen oder Urteile über den finanziellen Status einer Person anzustellen. Menschen aller Einkommensstufen können interessante und anregende Gesprächspartner sein, also konzentrieren Sie sich darauf, Gemeinsamkeiten bei anderen Themen zu finden. Vermeiden Sie geldbezogene Diskussionen, damit sich jeder wohl fühlt und erfolgreich mit in das Gespräch einbezogen wird.

Sex

Ein weiteres Thema, das Sie beim Small Talk vermeiden sollten, ist Sex. Sex ist ein heikles Thema, das am besten dann besprochen wird, wenn sich beide Parteien sehr gut kennen. Und selbst dann sollte es mit Vorsicht und Respekt behandelt werden. Das Letzte, was Sie wollen, ist, dass sich jemand unwohl fühlt, beschämt oder verurteilt wird.

Sexuelle Annäherungsversuche oder Witze sind beim Small Talk nicht angebracht. Denken Sie daran, dass einige Kulturen und Religionen konservativere Ansichten über Sex haben. Es ist also wichtig, dass Sie sich stets des Kontextes bewusst sind und es vermeiden, dieses Thema unbedacht zu erwähnen.

Wenn Sie sich mit einem Fremden unterhalten, konzentrieren Sie sich am besten auf leichte Themen und vermeiden Sie es, über alles zu sprechen, was mit Sex zu tun hat, einschließlich sexueller Orientierung, sexueller Vorlieben, sexueller Erfahrungen, Beziehungen und allem anderen, was als beleidigend oder unangemessen aufgefasst werden könnte. Wenn Ihr Gegenüber das Thema im Gespräch als Erster anspricht, sollten Sie abwägen, in wie weit Sie auf dieses Thema eingehen wollen, bevor Sie nach einem anderen Gesprächsthema suchen können.

Gute Manieren und gesunder Menschenverstand werden Ihre Gespräche in diesen Situationen am besten leiten. Wenn Sie auf Ihre Worte achten und aufmerksam zuhören, können Sie sicherstellen, dass Ihre Gespräche locker, freundlich und angenehm bleiben.

Beziehungsfragen

Was den Small Talk betrifft, so sollten Beziehungsthemen definitiv vermieden werden. Wenn Sie Details über Ihre Beziehung oder die einer anderen Person erzählen, riskieren Sie es in den meisten Fällen, ein unangenehmes Gespräch zu beginnen. Zu den Beziehungsthemen gehören Trennungen, Familienangelegenheiten oder andere heikle

Themen, bei denen sich die Person unwohl fühlen könnte. Lästern Sie niemals über Ihren Partner, da dies als respektlos angesehen werden kann, besonders wenn Sie die Person gerade erst kennengelernt haben. Es ist unangebracht, im Small Talk über Ihre Beziehungsprobleme oder die eines anderen zu sprechen.

Vermeiden Sie diese Themen am besten ganz. Konzentrieren Sie sich stattdessen auf eher heitere Themen. Es ist immer höflich, offene Fragen zu stellen, die die Person dazu auffordern, positive Geschichten oder Erfahrungen zu erzählen, anstatt sich in potenziell schwierige Themen zu vertiefen. Denken Sie daran, dass ein Lächeln und ein freundliches Auftreten im Gespräch immer *willkommen sind.*

Schmutzige Witze

Auch wenn schmutzige Witze für manche lustig oder unterhaltsam sind, denken Sie daran: *Nicht jeder findet sie angemessen.* Es ist am besten, wenn Sie sich beim Small Talk von Witzen fernhalten, die beleidigend oder unhöflich wirken könnten. Das heißt nicht, dass Humor im Small Talk nicht willkommen ist, aber er sollte möglichst respektvoll und geschmackvoll sein. Schmutzige Witze können jeden zum Lachen bringen, aber es ist besser, sie für Freunde und Familie aufzusparen, für Situationen von denen Sie wissen, dass sie gut ankommen.

Heben Sie sich die schmutzigen Witze für einen angemesseneren Rahmen auf, um ein erfolgreiches und angenehmes Gespräch zu führen. Nicht jeder hat den gleichen Sinn für Humor. Achten Sie also darauf, welche Witze Sie erzählen. Beim Small Talk sollte es darum gehen, Gemeinsamkeiten zu finden. Halten Sie sich also an Themen, mit denen Sie und Ihr Gesprächspartner etwas anfangen können.

Insiderwitze

Insiderwitze sind großartig, um Freunde und Familienmitglieder zum Lachen zu bringen, aber sie sollten nicht in Gesprächen mit Fremden verwendet werden. Dabei entstehen nicht nur deswegen Probleme, weil die Leute sie nicht verstehen, sie können sich außerdem auch ausgeschlossen fühlen. Insiderwitze sind nicht für Small Talk geeignet. Derartige Witze, die nur für diejenigen einen Sinn ergeben, die die Situation aus erster Hand erfahren haben, können auf diejenigen, die nicht dazugehören, abschreckend wirken. Wenn Sie zum Beispiel von einem lustigen Vorfall erzählen, der Ihnen und Ihren Freunden passiert ist, wird Ihr Gegenüber den Witz nicht verstehen und keine Ahnung haben, wovon Sie sprechen. Er könnte sich dadurch unbehaglich oder sogar beleidigt fühlen.

Das Gleiche gilt für Anspielungen auf Filme, Fernsehsendungen und andere populäre Kulturen. Nicht jeder wird die gleichen Filme wie Sie gesehen haben oder die gleichen Fernsehsendungen gesehen haben, so dass diese Anspielungen für Fremde in der Regel nicht zu verstehen sind. Auch Slang und kulturelle Anspielungen können für manche Menschen mit unterschiedlichem Hintergrund oder aus anderen Ländern schwer zu entziffern sein. Konzentrieren Sie sich auf Themen, mit denen jeder etwas anfangen kann, wie Popkultur, aktuelle Ereignisse und Sport.

Physische Erscheinung

Im Allgemeinen ist es am besten, beim Small Talk Themen zu vermeiden, die sich auf das äußere Erscheinungsbild anderer Personen beziehen. Vermeiden Sie Kommentare über die Kleidung, die Haare, das Make-up oder die Figur Ihres Gegenübers. Diese Themen könnten als unhöflich und aufdringlich angesehen werden, und es kann sogar passieren, dass Sie die Gefühle der anderen Person tief verletzen.

Wenn Sie jemandem ein Kompliment über sein Äußeres machen, riskieren Sie es, die Person sehr schnell in Verlegenheit zu bringen. Auch wenn der Kommentar als freundliche Bemerkung gedacht ist, kann sich Ihr Gegenüber dabei unwohl fühlen. Konzentrieren Sie sich stattdessen auf Aspekte ihrer Persönlichkeit oder Interessen, um ihre Wertschätzung zu zeigen und der anderen Person ein gutes Gefühl zu geben.

Dabei ist es genauso wichtig, sich darüber im Klaren zu sein, wie Ihr Aussehen interpretiert werden könnte. Wenn Sie zum Beispiel besonders gut gekleidet sind oder viel Make-up tragen, könnte das als überheblich oder übertrieben interpretiert werden. Wenn Sie für die jeweilige Situation zu leger gekleidet sind, könnte dies als respektlos aufgefasst werden. Kleiden und pflegen Sie sich daher immer so, dass sich alle wohlfühlen.

Wenn Sie anderen gegenüber Respekt zeigen und wissen, wie Ihr Auftreten interpretiert werden könnte, können Sie das Gespräch leicht in eine angemessenere Richtung lenken. Letztlich geht es darum, ein angenehmes, einladendes und auf Gegenseitigkeit bedachtes Umfeld für alle Parteien zu schaffen.

Vergangene Beziehungen

Wenn Sie sich mit jemandem unterhalten, sollten Sie es vermeiden, über Ex-Partner oder frühere Beziehungen zu sprechen. Wenn Sie über Scheidungen, Trennungen und komplizierte frühere Beziehungen sprechen, führt das in der Regel zu einem unangenehmen Gespräch und führt wahrscheinlich dazu, dass sich die andere Person unwohl fühlt, besonders wenn Sie sie nicht gut kennen.

Es ist unangebracht, über häusliche Gewalt oder andere emotionale Traumata zu sprechen, die Sie oder die andere Person erlebt haben. Schmerzhafte Erinnerungen können schnell und unerwünscht wieder auftauchen. Konzentrieren Sie sich stattdessen darauf, die andere Person kennenzulernen und verzichten Sie auf Gesprächsthemen, die ihr Unbehagen bereiten könnten. Respektieren Sie die Privatsphäre Ihres Gesprächspartners und wählen Sie die Themen, über die Sie sprechen, mit Bedacht. Sollte das Thema aufkommen, denken Sie daran, sensibel und freundlich zu sein. Eine leichte und angenehme Unterhaltung ist die beste Möglichkeit, um Small Talk zu einer positiven Erfahrung für beide Seiten zu machen.

Einige Themen sollten Sie besser für tiefere und bedeutungsvollere Gespräche mit engen Freunden oder der Familie aufheben. Denken Sie daran, dass Small Talk unbeschwert und freundlich wirken sollte. Vermeiden Sie also am besten ernste Themen, die zu einer unangenehmen Unterhaltung führen könnten. Der Verzicht auf diese Themen wird dazu beitragen, dass Ihre Interaktionen für alle Beteiligten angenehmer sind.

Kinder

Kinder sind im Leben vieler Menschen eine große Quelle der Freude, aber in Small Talk-Gesprächen über sie zu sprechen, ist nicht immer die beste Idee. Es fühlt sich unangenehm an, jemanden zu fragen, wie viele Kinder er hat oder ob er plant, noch mehr Kinder zu bekommen. Sie kennen die familiäre Situation der Person nicht, also vermeiden Sie am besten potenziell heikle Themen.

Konzentrieren Sie sich stattdessen auf Themen, die sich auf Kinder beziehen, ohne dabei zu direkt zu sein. Eine gute Möglichkeit, um über Kinder zu sprechen, ohne dabei zu persönlich zu werden, besteht darin, die Person nach Erziehungsstrategien wie Disziplin oder Ernährung zu fragen. Sie können auch nach den schönsten Kindheitserinnerungen der Person fragen. So entsteht ein interessantes und unterhaltsames

Gespräch, bei dem Sie die Person besser kennenlernen können.

Wenn Sie über Ihre Kinder sprechen, kann dies dazu führen, dass sich Ihr Gesprächspartner ausgeschlossen fühlt oder nicht an dem Gespräch teilnimmt. Sprechen Sie stattdessen über Themen, die Kinder im weiteren Sinne betreffen. Sprechen Sie zum Beispiel über aktuelle Ereignisse, die Kinder betreffen, oder über die neuesten Bildungstrends.

Gesundheitsthemen

Gespräche über Tod, Krankheiten oder traumatische Verluste sollten nicht auf die leichte Schulter genommen werden. Es kann schwierig sein, über solche Themen zu sprechen, da sie oft schwierige und schmerzhafte Gefühle hervorrufen. Selbst wenn Sie die Person recht gut kennen, ist es unangebracht, diese Themen anzusprechen. Es ist zwar möglich, einfühlsam über Tod oder Trauer zu sprechen, aber diese Gespräche sollten im Allgemeinen denjenigen vorbehalten sein, die Ihnen besonders nahestehen. Wenn Sie sich mit einem Fremden unterhalten, ist es am besten, dieses Gesprächsthema ganz zu vermeiden.

Denken Sie daran, dass viele Menschen mit psychischen Problemen zu kämpfen haben und dass ein Gespräch darüber mit jemandem, den Sie nicht sehr gut kennen, auslösend sein kann. Wenn das Thema psychische Gesundheit oder Krankheit zur Sprache kommt, gehen Sie am besten behutsam vor und nehmen Sie Rücksicht auf die Gefühle Ihres Gesprächspartners.

Dies kann bei Gesprächen über Gesundheit im Allgemeinen schwierig sein, da die meisten Menschen nicht zu viel über ihre medizinischen Probleme preisgeben möchten. Am besten fragen Sie die Person, ob sie mit dem Thema einverstanden ist, bevor Sie es weiter vertiefen. Die Gesundheit eines jeden Menschen ist eine sehr vertrauliche Angelegenheit und Gespräche darüber können dazu führen, dass sich die andere Person unbehaglich oder bloßgestellt fühlt, vor allem wenn sie mit ernsteren gesundheitlichen Problemen zu kämpfen hat.

Kontroverse soziale Themen

Viele kontroverse Themen, wie z.B. Abtreibung oder Waffenkontrolle, können in Gesprächen mit anderen eine Herausforderung sein. Diese Gespräche können sehr schnell hitzig werden, daher ist es am besten, sie beim Small Talk ganz zu vermeiden. Sie sollten verstehen, dass jeder Mensch seine eigenen Überzeugungen und Meinungen hat, so dass eine Diskussion darüber nicht immer zu einem angenehmen Gespräch beiträgt. Selbst wenn Ihr Gegenüber Ihnen zustimmt, könnte er sich gleichzeitig angegriffen oder unwohl fühlen, wenn die Diskussion aggressiv wird.

Viele Menschen ziehen es vor, ihren Standpunkt zu LGBTQ+-Rechten, Abtreibung, Religion, Wahlfragen und rassistischen Themen nicht in der Öffentlichkeit oder unter Fremden zu vertreten. Sie fürchten Urteile und Kritik durch andere oder fühlen sich nicht wohl genug, um sich an diesen Diskussionen zu beteiligen.

Manche Menschen sind offener und sprechen lieber über sensible Themen als andere. Wenn die Person also bereit ist, sich auf eine respektvolle Debatte über eines dieser Themen einzulassen, können Sie das Gespräch fortsetzen; es ist jedoch besser, das Thema zu wechseln, wenn Sie Spannung wahrnehmen. Es wird empfohlen, kontroverse gesellschaftliche Themen nicht beim Small Talk anzusprechen, um etwaiges Unbehagen oder daraus resultierende Unannehmlichkeiten zu vermeiden.

Klatsch, Tratsch und Gerüchte

Klatsch und die Verbreitung von Gerüchten können den Ruf einer Person schädigen und sollten beim Small Talk vermieden werden. Klatsch und Tratsch mögen zwar harmlos wirken, können aber schnell als bösartig wahrgenommen werden. Und das Letzte, was Sie tun möchten, ist, die Gefühle oder den Ruf von jemand anderem durch unbedachte Worte zu verletzen. Konzentrieren Sie sich stattdessen lieber auf leichtere Themen wie aktuelle Ereignisse, Filme, Bücher und Musik.

Berühmtheiten-Klatsch

Klatsch und Tratsch über Prominente ist eines der häufigsten Themen, die beim Small Talk zur Sprache kommen können. Aber in Gesprächen mit Fremden sollten Sie Klatsch und Tratsch über Prominente vermeiden. Klatsch und Tratsch über Prominente können oft zu kontroversen und unerwünschten Diskussionen ausarten. Oft haben Menschen, die sich nicht kennen, völlig unterschiedliche Meinungen über ein und denselben Prominenten oder dieselbe Situation, was zu einer hitzigen und hässlichen Auseinandersetzung führen kann.

Nehmen wir zum Beispiel an, Sie sprechen mit jemandem, der ein großer Fan des Fußballers Ronaldo ist, und Sie erwähnen eine aktuelle

Kontroverse um ihn. In diesem Fall könnte sich Ihr Small Talk schnell in einen Streit verwandeln.

Einige Prominente sind unter den Mitgliedern der Generation Z sehr berühmt und den älteren Generationen vielleicht weniger gut bekannt, so dass Klatsch und Tratsch über sie zu Verwirrung und Missverständnissen führen könnten.

Außerdem gibt es möglicherweise unterschiedliche kulturelle Hintergründe und Meinungen, die nicht berücksichtigt werden können, wenn Sie mit jemandem, den Sie nicht kennen, über Klatsch und Tratsch über Prominente sprechen. Prominente sind auch Menschen, und wenn Sie sich negativ über sie äußern, kann das als respektlos angesehen werden.

Daher gehören Gerüchte zu den Themen, die Sie beim Small Talk am besten vermeiden. Beim Gespräch über bestimmte Themen hat jeder Mensch andere Grenzen und ein anderes Wohlbefinden, also sollten Sie Ihr Gespräch entsprechend anpassen. Ein wenig Höflichkeit kann viel dazu beitragen, dass die Gespräche für alle Beteiligten unbeschwert und angenehm bleiben. Mit der richtigen Einstellung können Sie Small Talk zu einer angenehmen Erfahrung für beide Parteien machen.

Nonverbale Möglichkeiten, um unangenehme Unterhaltungen zu vermeiden

Manchmal ist es schwierig, das Gespräch von einem unangenehmen Thema abzulenken. Sie können jedoch ein paar nonverbale Kommunikationsstrategien wählen, um die Unannehmlichkeiten zu minimieren, ohne sie direkt anzusprechen.

Körperhaltung ändern

Wenn Ihnen ein Gespräch unangenehm ist, kann es hilfreich sein, wenn Sie sich subtil von der anderen Person abwenden. Bringen Sie Ihren Körper in einen anderen Winkel oder verschränken Sie die Arme. So schaffen Sie eine visuelle Barriere, ohne dass Sie etwas direkt sagen oder das Gespräch abbrechen müssen.

Ihr Gesichtsausdruck kann ein deutlicher Indikator dafür sein, dass Sie nicht daran interessiert sind, wie das Gespräch weitergeht. Machen Sie ein subtiles, neutrales Gesicht und vermeiden Sie es, mit Emotionen oder Meinungen zu antworten.

Achten Sie auch auf Anzeichen dafür, dass sich die andere Person unwohl fühlt. Das könnte sich zum Beispiel dadurch zeigen, dass die Person die Arme verschränkt und sich von Ihnen wegdreht. In diesem Fall ist das ein Zeichen dafür, dass die Person kein Interesse mehr an dem Gespräch hat. Achten Sie auf die Körpersprache und passen Sie sich entsprechend an.

Ergreifen Sie die Initiative, um das Gespräch in eine andere Richtung zu lenken, wenn Sie sich unwohl fühlen. Stellen Sie der Person Fragen, die das Gespräch auf positivere Themen zurücklenken. Sie können dadurch eine Atmosphäre des Wohlbefindens und der Offenheit schaffen, um eine Beziehung zu Ihrem Gesprächspartner aufzubauen.

Tonfall

Der Ton Ihrer Stimme ist wichtig, um unangenehme Gespräche zu vermeiden. Sprechen Sie beruhigend und angenehm, um eine entspannte Atmosphäre zu schaffen. Vermeiden Sie laute oder aggressive Töne, denn diese können das Gespräch unangenehm machen und die Leute davon ablenken, das Gespräch fortzusetzen. Sprechen Sie mit moderater Lautstärke und denken Sie daran, beim Sprechen zu lächeln, denn ein Lächeln kann sich immer sehr positiv auswirken. Seien Sie stets höflich und respektvoll, wenn Sie sich mit jemandem unterhalten, auch wenn Sie ihn nicht besonders gut kennen oder mit seinen Ansichten nicht einverstanden sind. Höflichkeit trägt dazu bei, dass das Gespräch angenehm bleibt und es weniger wahrscheinlich zu Schwierigkeiten kommt.

Bereiten Sie Ihre Antworten in Gedanken vor

Wenn sich jemand auf ein Thema einlässt, das Ihnen unangenehm ist, kann es hilfreich sein, wenn Sie ein paar Antworten parat haben, die höflich, aber auch effektiv sind. Anstatt offen mit: „Darüber möchte ich nicht sprechen" zu antworten, könnten Sie sagen: „Darüber möchte ich jetzt lieber nicht sprechen. Darf ich Sie etwas anderes fragen?". Die Bitte, über etwas anderes zu sprechen, ermöglicht es Ihnen, interessantere Gesprächsthemen anzuschlagen.

Es kann zwar schwierig sein, auf Anhieb die perfekte Erwiderung zu finden, aber wenn Sie ein paar Standardantworten üben, sind Sie besser darauf vorbereitet, das Gespräch zu unterbrechen und es auf ein Thema umzulenken, das für Sie besser funktioniert.

Zusammenfassend lässt sich sagen, dass der Schlüssel zum Erfolg im gesellschaftlichen Leben darin besteht, sich mit dem Thema Small Talk vertraut zu machen und unangenehme Gespräche zu vermeiden. Mit der richtigen Einstellung und ein wenig mentaler Vorbereitung können Sie Small Talk zu einer angenehmen und lohnenden Erfahrung machen. Denken Sie daran, dass jeder Mensch andere Grenzen für Themen hat, die er gerne mit anderen besprechen will, genau wie Sie selbst, also passen Sie Ihre Unterhaltung diesen Präferenzen entsprechend an. Etwas, das für Sie völlig uninteressant ist, kann zum Beispiel für jemand anderen eine Quelle großer Faszination sein. Bleiben Sie also stets achtsam, wenn Sie sich mit Fremden unterhalten.

Kapitel 6: Lernen Sie, mit wirklich jedem zu sprechen

Wenn Sie jemanden sehen, mit dem Sie gerne sprechen würden, sei es auf einer Party, einer Konferenz oder einfach unterwegs, bleiben Sie stehen und stellen Sie sich vor. Die Person könnte jemand sein, den Sie schon lange bewundern, ein potenzieller Kunde für Ihr Unternehmen oder jemand, den Sie attraktiv finden.

Sie haben vermutlich schon oft versucht, die perfekte Eröffnungsbemerkung für ein Gespräch zu formulieren. Doch bevor Sie das tun konnten, war die andere Person schon weitergegangen oder hat eine neue Diskussion begonnen und Sie haben die Gelegenheit verpasst.

Die Art und Weise, wie Sie ein Gespräch beginnen, gibt den Ton an.

Sie können jederzeit und unter allen Umständen ein Gespräch mit jemandem beginnen. Der einzige Trick besteht dabei darin, dass Sie etwas sagen sollten, das die andere Person anspricht.

In Anbetracht dessen sollte klar sein, dass die meisten Beschwerden, politische Kommentare (es sei denn, Sie verstehen die politischen Ansichten des Zuhörers wirklich gut) und alles andere, was als beleidigend aufgefasst werden könnte, streng verboten sind.

Im Folgenden finden Sie einige Tipps dazu, wie Sie ein Gespräch mit jemandem beginnen können. Mithilfe dieser Tipps können Sie sofort ein Gespräch beginnen und Ihr Gegenüber kann schnell von einem Fremden zu einem engen Freund werden. Zumindest könnten Sie dann Ihre gegenseitigen Kontaktinformationen austauschen, und sich später mit der Person in Verbindung setzen.

Wie man ein Gespräch initiiert

Erste Schritte

Schaffen Sie zuerst den richtigen Rahmen. Wenn Sie beispielsweise an einer Geschäftskonferenz in einem großen Hotel teilgenommen und den Vormittag damit verbracht haben, einer Reihe von Präsentationen und Diskussionen am runden Tisch aufmerksam zuzuhören, hatten Sie vielleicht bisher noch keine Gelegenheit, die anderen Teilnehmer kennenzulernen.

Jetzt, da es Mittagszeit ist, haben Sie die Gelegenheit, Kontakte zu knüpfen. Diese Tipps gelten auch, wenn Sie noch nicht mit dem Networking begonnen haben.

Vermeiden Sie langweilige Themen

Vermeiden Sie langweilige Themen. Fragen Sie zum Beispiel: „Wie ist das Wetter?" oder „Wie steht es mit [Name der regionalen Sportmannschaft einfügen]?" Solange es sich nicht um Schlagzeilen handelt, können dies unwirksame, kitschige Anmachsprüche sein.

Da die Umstände immer einzigartig sind, müssen Sie in der Lage sein, einen einzigartigen Gesprächseinstieg zu finden.

Sammeln Sie Daten

Indem Sie einem Fremden eine Frage oder eine Reihe von Fragen stellen, leiten Sie effektiv ein Gespräch ein. Immer abhängig von der Situation könnten Sie nach dem Wetter, dem Mittagessen oder der gemeinsamen beruflichen Verantwortung fragen. Sie könnten fragen:

„Wissen Sie, ob der Präsident des Unternehmens bei der Eröffnungsveranstaltung sprechen wird?"

Während Sie die Antwort aufnehmen, überlegen Sie sich, welche Folgefragen oder Kommentare Sie anschließend stellen können, um das Gespräch in Gang zu halten.

Machen Sie dem Fremden ein Kompliment

Ein Kompliment für einen Fremden ist eine weitere gute Möglichkeit, um ein Gespräch zu beginnen. Denken Sie zum Beispiel an folgende Aussage: „Ihre Aktentasche gefällt mir."

Um das Gespräch fortzusetzen, können Sie dann Folgefragen stellen, z.B. wo die Aktentasche gekauft wurde und ob sie in anderen Farben erhältlich ist.

Bringen Sie ein gemeinsames Thema zur Sprache

Nutzen Sie Ihre Umgebung als Gesprächsanlass. Fragen Sie die Person, die bei einem Workshop oder einer Konferenz neben Ihnen sitzt, was sie von der Veranstaltung hält. Wenn Sie sich Mittagessen bestellen, teilen Sie der Person hinter Ihnen Ihr Lieblingsgericht mit.

Hier ist ein weiteres Beispiel: „Arbeiten Sie hier? Gestern habe ich Ihr Auto neben meinem geparkt gesehen."

Stellen Sie sich vor

Wenn Sie sich vorstellen, bietet Ihnen das eine einfache Möglichkeit, um ein Gespräch mit jemandem zu beginnen. Diese Methode ist besonders effektiv, wenn es keine anderen offensichtlichen Gesprächsanfänge gibt. Zum Beispiel: „Hallo, mein Name ist Andreas. Ich bin neu hier in der Gegend und wollte mich bei allen Mitarbeitern der Abteilung vorstellen."

Höchstwahrscheinlich wird die Person, der Sie sich vorstellen, Ihnen ihren Namen und Angaben zu ihrem Beruf mitteilen und so ein Gespräch anregen.

Stellen Sie umfassende Nachforschungen an

Sie können offene Fragen stellen, das ist eine weitere effektive Methode, um ein Gespräch mit jemandem zu beginnen. Diese Strategie ist am effektivsten, wenn Sie sich nach der Teilnahme der anderen Person nach einem gemeinsamen Ereignis erkundigen können.

Sagen Sie Dinge wie: „Ich habe noch nie an einem so spannenden Workshop teilgenommen. Wie steht es mit Ihnen?"

In der Regel kann die andere Person dann mit ihren Gedanken oder Anekdoten über frühere Konferenzen, an denen sie teilgenommen hat, antworten und Ihnen damit zusätzlichen Gesprächsstoff liefern.

Halten Sie sich über aktuelle Ereignisse auf dem Laufenden

Aktuelle Ereignisse sind ein hervorragender Gesprächsanlass. Wenn Sie und Ihr Gesprächspartner gegensätzliche Standpunkte vertreten, ist es besser, stattdessen auf nicht-politische Ereignisse zu verweisen. Erwähnen Sie ein nahegelegenes Festival, ein kürzlich veröffentlichtes Buch oder einen kürzlich erschienenen Film. Zum Beispiel: „Haben Sie gehört, dass in der Woche nach Thanksgiving in Amerika das sogenannte „Holiday Festival" beginnt? Ich schaue mir die Dekorationen immer gerne an."

Bieten Sie Hilfe an

Wenn Sie jemandem, der Hilfe braucht, Ihre Unterstützung anbieten, nutzen Sie dadurch eine effektive Möglichkeit, um ein Gespräch zu beginnen. Abhängig von der Situation könnten Sie zum Beispiel sagen: „Ich könnte Ihre Sachen für Sie aufbewahren, wenn das in Ordnung ist. Sind Sie ein neu hier?"

Erzählen Sie etwas Interessantes

Diese Strategie funktioniert am besten, wenn Sie sich in Ihrer gewohnten Umgebung oder in einer Ihnen bekannten Situation befinden. Diese Methode kann sehr effektiv sein, um ein Gespräch mit jemandem zu beginnen, solange sie richtig eingesetzt wird. Sie können zum Beispiel fragen: „Wussten Sie, dass es statistisch gesehen am sichersten ist, mit dem Aufzug zu fahren?"

Bitten Sie um Feedback

Sie könnten jemand völlig Fremden nach seiner Meinung zu fragen, um ein Gespräch anzuregen. Wenn Sie zum Beispiel auswärts essen gehen wollen oder im Büro nach Stiften suchen, ist das eine gute Strategie. Sie können diesen Ansatz zum Beispiel, mit dieser Strategie ausprobieren: „Welchen dieser Textmarker benutzen Sie am liebsten? Die violetten sind optisch ansprechend, aber ich benutze normalerweise gerne die Gelben."

Holen Sie sich Empfehlungen für ein Restaurant mit einem guten Mittagstisch

Sie können einen Fremden fragen, wo er gerne zu Mittag isst, um das Gespräch zu beginnen. Besonders bei kurzen Gesprächen wie etwa im

Fahrstuhl, wenn Sie auf ein Taxi warten, oder öffentliche Verkehrsmittel benutzen, eignet sich dieser Ansatz hervorragend.

Sagen Sie zum Beispiel: „Wo ist Ihr Lieblingsrestaurant? Da ich normalerweise in einem Büro in der Innenstadt arbeite, kenne ich mich in dieser Gegend nicht so gut aus.“

Der Fremde wird Ihnen daraufhin wahrscheinlich sein Lieblingsrestaurant empfehlen und Sie vielleicht zum Mittagessen einladen.

Sagen Sie etwas über ein aktuelles Video

Ein sogenanntes „virales“ Video kann Ihnen als effektiver Gesprächseinstieg dienen. Viele Menschen verbringen ihre Freizeit damit, sich Videos anzusehen oder von Freunden oder Kollegen davon zu erfahren. Stellen Sie sicher, dass das Video, auf das Sie sich beziehen, für Ihren Arbeitsplatz geeignet ist, wenn Sie diese Strategie anwenden. Sie könnten zum Beispiel fragen: „Haben Sie das Video mit dem Baby gesehen, das in einer Joghurtschale schläft?“

Daraus könnte sich ein Gespräch über andere interessante Videos oder die Popkulturphänomene entwickeln.

Machen Sie es sich nicht zu kompliziert

Gelegentlich ist es am effektivsten, ein Gespräch zu beginnen, indem Sie direkt und ehrlich sagen, was Sie wollen oder brauchen. Wenn Sie sich zum Beispiel verlaufen haben, fragen Sie einfach nach dem richtigen Weg.

Fragen Sie einfach freundlich, ob jemand mit Ihnen zu Mittag essen möchte. Eröffnen Sie das Gespräch mit der folgenden Frage: „Es ist mein erster Tag hier und ich weiß nicht, wo ich zu Mittag essen soll. Darf ich mich zu Ihnen setzen?“

Fragen Sie nach Hilfe

Bitten Sie um Hilfe, um ein Gespräch mit jemandem anzufangen. Je nach den Umständen müssen Sie gegebenenfalls eine bestimmte Person um Hilfe bitten und nicht jeden in der Nähe.

Dazu können Sie zum Beispiel folgendes sagen: „Ich habe noch nie zuvor in diesem Büro gearbeitet, daher weiß ich nicht, wie gut der Kopierer funktioniert. Können Sie mir freundlicherweise helfen?“

Sprechen Sie über Ihre gemeinsamen Interessen

Unter bestimmten Umständen ist es offensichtlich, dass Sie und ein Fremder eine gemeinsame Gesprächsbasis haben. Beginnen Sie das Gespräch in diesem Fall mit den Gemeinsamkeiten, die Ihnen auffallen.

Beispiel: „Sie scheinen ebenfalls ein Fan der örtlichen Basketballmannschaft zu sein. Ich habe mir das Spiel letzte Woche auch angesehen. Waren Sie dieses Jahr schon im Stadion?“

Machen Sie eine scharfsinnige Beobachtung

Ein Kommentar über Ihre aktuelle Situation ist eine weitere hervorragende Möglichkeit, um ein Gespräch mit jemandem zu beginnen. Diese Strategie ist am effektivsten, wenn Sie ein bestimmtes Thema ansprechen.

Sagen Sie zum Beispiel: „Wie ich sehe, verwenden Sie Ihr Smartphone lieber als Headset.“

Diese Bemerkung ermöglicht es dem Fremden, seine Meinung zu dem Thema zu äußern.

Nennen Sie eine bestimmte Eigenschaft, die Sie und Ihr Gegenüber gemeinsam haben

Wenden Sie diese Strategie an, wenn Sie sich sicher sind, dass Sie und die Person eine gemeinsame Charaktereigenschaft teilen. Eine der effektivsten Möglichkeiten, um sofort eine Verbindung zu anderen herzustellen, besteht darin, über eine gemeinsame Eigenschaft zu sprechen.

Dazu könnten Sie zum Beispiel so etwas sagen wie: „Ich habe beobachtet, dass Sie mit der linken Hand unterschrieben haben, und ich bin auch Linkshänder.“

Wenn es um besondere Eigenschaften geht, sprechen die meisten Menschen gerne über Dinge, die sie gemeinsam haben.

Erkundigen Sie sich nach dem Hintergrund einer Person

Sie können sich nach dem Hintergrund einer Person zu erkundigen. Derartige Fragen bieten Ihnen eine professionelle und freundschaftliche Möglichkeit, um ein Gespräch zu beginnen.

Sagen Sie zum Beispiel: „Grüße vom Team. Wo haben Sie gearbeitet, bevor Sie hier angefangen haben?“

Bitten Sie um Hilfe

Sie können einen Fremden um Rat bitten, um ein Gespräch zu beginnen.

Sagen Sie zum Beispiel: „Ich bin mir unsicher, welches Format ich für meine Präsentation verwenden soll. Könnten Sie sie bitte überprüfen und mir etwas Feedback geben?"

Fragen Sie, ob Sie gemeinsame Hobbies haben

Sie könnten einen Kommentar über ein gemeinsames Hobby oder persönliches Interesse abgeben, wenn die Gemeinsamkeit offensichtlich ist. Sie könnten zum Beispiel einem Fremden begegnen, der im Flur Ihres Gebäudes Ihr Lieblingsbuch liest. Sagen Sie in diesem Fall: „Als wir aus der U-Bahn stiegen, habe ich gesehen, dass Sie dieses Buch lesen. Ich habe das gleiche Buch erst letzte Woche zu Ende gelesen. Wie gefällt es Ihnen bis jetzt?"

Machen Sie einen Witz

Sie können Ihrem Gegenüber einen Witz erzählen, um ein Gespräch mit dem Fremden zu beginnen. Der Witz muss sich auf die Situation, in der Sie beide sich befinden, beziehen, um möglichst effektiv zu sein.

Sie könnten zum Beispiel sagen: „Was könnte Ihnen schon den Freitag verderben? Oh... ich darf gar nicht erst daran denken, dass heute *erst Donnerstag ist.*"

Positive Initiative ergreifen

Gehen Sie trotz Ihrer Bedenken mit einer positiven Einstellung an das Gespräch heran. Sie werden dadurch schnell Vertrauen in den Erfolg Ihrer Interaktionen gewinnen und sich zunehmend auf mehr Gespräche einlassen.

Das beruhigt Ihren Geist und führt dazu, dass Sie viel zugänglicher wirken, als wenn Sie sich Sorgen machen. Positivität kann durch eine entspannte Körpersprache, ein Lächeln und durch direkten Augenkontakt vermittelt werden.

Stellen Sie sich vor

Stellen Sie sich einfach vor, erzählen Sie etwas über sich und schütteln Sie die Hand Ihres Gesprächspartners, um ein Gespräch zu beginnen. Das ist besonders nützlich, wenn Ihnen die Ideen für einen Gesprächseinstieg ausgehen. Sie können zum Beispiel Dinge sagen wie: „Ich bin Mike. Ich bin der Marketingleiter von [Name des Unternehmens]. Wie geht es Ihnen?"

Sie werden dadurch einen positiven ersten Eindruck hinterlassen. Erfragen Sie den Namen Ihres Gesprächspartners und bitten Sie die Person um einige persönliche Informationen, um eine solide Grundlage für Ihr Gespräch zu schaffen.

Tragen Sie ein auffälliges Accessoire

Auffällige Kleidungsstücke dieser Art sind auch als „Pfauenstücke" bekannt. Sie dienen als ein weiterer Gesprächsanlass. Dies sollte etwas Auffälliges sein, das Ihre Persönlichkeit zum Ausdruck bringt, wie etwa bunte Socken oder eine Krawatte, die ebenfalls angemessen sein kann. Ausdrucksstarke Kleidung oder Accessoires ziehen Aufmerksamkeit auf sich und sorgen für Gesprächsstoff.

Manche Veranstaltungsplaner bieten zum Beispiel auch Werbegeschenke an, die das gleiche Ziel verfolgen, wenn Sie auf einer Konferenz sind. Sie könnten Sie zum Beispiel bitten, eine Anstecknadel oder einen Aufkleber mit dem Logo Ihres Lieblingsfilms oder Sportteams neben Ihrem Namensschild zu tragen. Dies kann als Anlass zum Gespräch mit anderen Teilnehmern dienen.

Erwähnen Sie einen gemeinsamen Freund

„Haben Sie schon einmal mit Roger gearbeitet? Ich habe mit ihm an mehreren Projekten zusammengearbeitet." Indem Sie einen gemeinsamen Bekannten erwähnen, zeigen Sie, dass Sie Teil des größeren sozialen Netzwerks des Zuhörers sind.

Mit der Zeit werden viele Menschen denken, dass sie Sie kennen oder dass sie Sie kennenlernen sollten. Achten Sie darauf, dass sie sich mit Ihrem gemeinsamen Bekannten gut verstehen. Sie sollten zum Beispiel nicht behaupten, dass Sie mit jemandem befreundet sind, mit dem Ihr Gesprächspartner in einen Rechtsstreit verwickelt ist.

Machen Sie ein offenes Kompliment

Diese Strategie ist nützlich, wenn Sie nicht wissen, was Sie zu einem Prominenten, einem bekannten Risikokapitalgeber oder einer Führungspersönlichkeit aus Ihrer Branche oder Ihrem Unternehmen sagen sollen. Es wird nie als Beleidigung angesehen, wenn Sie Dinge sagen wie: „Ich schätze Ihre Arbeit" oder „Ich fand Ihren letzten Blogbeitrag sehr aufschlussreich."

Vermeiden Sie Schmeicheleien und kritisieren Sie Ihr Gegenüber nicht, indem Sie Dinge sagen wie: „Ich fand Ihren letzten Film viel besser als den vom letzten Jahr." Außerdem sollten Sie anderen

Menschen nur ehrliche Komplimente machen.

Erwähnen Sie, wann immer es angebracht ist, persönliche Details, die Sie sich gemerkt haben

Wenn die andere Person mehr über sich selbst erzählt, sollten Sie sich bemühen, sich an Einzelheiten zu erinnern. Das kann beispielsweise bedeuten, dass Sie die Person mit ihrem Namen ansprechen, oder es kann eine gute Möglichkeit sein, um das Gespräch fortzusetzen.

Nehmen wir zum Beispiel an, dass sie eine Gesprächspause machen, nachdem sie ihren Lebensgefährten erwähnt haben. In diesem Fall könnten Sie sich nach dem Beruf des Partners erkundigen oder danach, wie sie sich kennengelernt haben.

Stellen Sie eine theoretische Frage

Theoretische Fragen können ein hervorragender Gesprächseinstieg sein, aber um nicht zusammenhangslos zu klingen, sollten Sie einen Bezug zu einem aktuellen Ereignis oder zu dem Anlass herstellen.

Sie könnten sagen: „Ich habe gerade einen Film gesehen, in dem alle Gesetze für einen Tag außer Kraft gesetzt wurden. Was würden Sie tun, wenn es einen Tag lang keine Vorschriften und Gesetze gäbe?"

Fragen Sie die Person nach ihrer Familie, nach ihren Haustieren und Hobbys

Menschen sprechen gerne über Themen, die Ihnen viel bedeuten. Wenn Sie wissen, dass Ihr Chef gerne segelt, ist die Frage nach seiner letzten Reise zum Beispiel ein guter Gesprächseinstieg.

Setzen Sie Ihre Konversation fort

Eisbrecher, zum Beispiel, bringen Sie in einem Gespräch nur weit. Der Schlüssel liegt darin, Ihren Gesprächspartner aktiv einzubeziehen und Ihre Reaktion auf seine Bemerkungen so anzupassen, dass er sich wohl fühlt.

Strategien, um Gespräche zu beginnen und über Small Talk hinauszugehen

Im Folgenden finden Sie Strategien, um ein Gespräch mit anderen zu beginnen:

Stellen Sie viele Fragen

Bemühen Sie sich, Gespräche mit Neugier und Aufgeschlossenheit zu führen. Das Stellen von persönlichen und angemessenen Fragen

kann Ihnen dabei helfen.

„Was haben Sie von dem Hauptredner gehalten?“

„Was waren die Höhepunkte Ihrer bisherigen Ausbildung?“

„Was hat Sie dazu bewogen, sich für diese Konferenz anzumelden?“

Alle diese Fragen haben ein offenes Ende, was bedeutet, dass Ihr Gesprächspartner über die Frage nachdenken und Ihnen zusätzliche Informationen geben muss, anstatt einfach mit Ja oder Nein zu antworten. So haben Sie mehr Möglichkeiten, um das Gespräch fortzusetzen und Fragen zu stellen.

Suche nach Themenwechseln

Ein „Themenwechsel“ ist eine Gelegenheit, vom Thema abzuweichen, weil Ihr Gesprächspartner etwas gesagt hat. Achten Sie beim Zuhören auf Aussagen, die einen negativen Kontext haben könnten.

Beispiel:

Sprecher eins: „Ich freue mich schon seit einer Weile auf diese Rede. Als ich den Redner im letzten Jahr in Hamburg sprechen gehört habe, war ich von dem Vortrag sehr beeindruckt.“

Sie: „Auch ich freue mich auf die Präsentation. Warum waren Sie letztes Jahr bei der Veranstaltung in Hamburg? Ich bin noch nie dort gewesen.“

In diesem Fall hat Ihr Gesprächspartner eine beiläufige Bemerkung gemacht. Da Sie jedoch aufmerksam und neugierig waren, haben Sie die Gelegenheit für einen Themenwechsel zum Thema Hamburg bemerkt. Sie können nun also über die Stadt sprechen und sehen, wohin das Gespräch Sie führt.

Konzentrieren Sie sich auf Ihre gemeinsamen Interessen

Wenn Sie von den rein geschäftlichen Themen abweichen möchten, finden Sie weitere Themen, über die Sie sprechen können. Sie könnten zum Beispiel merken, dass Sie einen ähnlichen Modegeschmack haben, eine Leidenschaft für hochwertige Notizbücher oder ein Interesse am Spielen eines bestimmten Instruments.

Vielleicht haben Sie einen gemeinsamen Freund. Möglicherweise hat diese Person die gleiche Universität wie Ihr Lieblingskollege besucht, so dass Sie über ihn, die Universität, die Sie beide besucht haben, und die anderen Teammitglieder sprechen können. Wenn man auf derartige

Gemeinsamkeiten stößt, kommt man bei dem Gespräch schnell auf viele faszinierende gemeinsame Themen.

Obwohl diese Verbindungen nichts mit der Arbeit zu tun haben, helfen sie Ihnen dabei, sich besser kennenzulernen, und ebnen sich so den Weg für eine langfristige Partnerschaft. Wenn Sie und ein potenzieller Kunde Golfliebhaber sind, können Sie geschäftliche Treffen vereinbaren, während Sie an Ihrem Golfanschlag arbeiten.

Arbeiten Sie daran, zu einem guten Zuhörer zu werden

Das Wichtigste, was Sie während eines Gesprächs tun können, ist, präsent und aufmerksam zu wirken. Dies legt nahe, dass Sie:

Blickkontakt aufrechterhalten sollten

Obwohl Sie Ihrem Gesprächspartner nicht direkt in die Augen schauen müssen, sollten Sie sich ausreichend Zeit nehmen, um sich die Augenfarbe der Person zu merken. Das zeugt von Engagement und Interesse.

Machen Sie eine kurze Pause, bevor Sie Nachfragen stellen

Nachfragen sind eine hervorragende Möglichkeit, um ein Gespräch in Gang zu halten. Allerdings sollten Sie dies nicht auf Kosten des aktuellen Gedankenflusses Ihres Gesprächspartners tun oder das Thema wechseln. Das Gespräch sollte ganz natürlich verlaufen.

Achten Sie auf nonverbale Hinweise

Häufig beruht ein Großteil der Kommunikation auf dem, was nicht gesagt wird. Sie sind dafür verantwortlich, nonverbale Hinweise zu erkennen und angemessen zu reagieren, wenn Ihr Gesprächspartner eine subtile Geste macht, die andeutet, dass er das Gespräch beenden möchte.

Erst zuhören, dann antworten

Ohne Erfahrung kann es schwierig sein zu lernen, wie man ein Gespräch mit jemandem beginnt. Vielleicht machen Sie sich Sorgen, dass Sie unbeholfen klingen könnten oder sich gezwungen fühlen, schweigend dazusitzen, aber indem Sie sich auf die andere Person konzentrieren, können Sie diesen Druck lindern.

Das häufigste Missverständnis über die Einleitung von Gesprächen mit anderen ist, dass Sie ununterbrochen sprechen müssen. Die Kommunikation mit einer anderen Person muss jedoch nicht ausführlich sein. Wenn Sie zu lange reden, riskieren Sie es, arrogant oder selbstverliebt zu wirken.

Nachdem Sie eine Beziehung zueinander aufgebaut haben, können Sie mit ein paar gut platzierten Fragen ein lebhaftes Gespräch in Gang bringen, das angenehmer ist, als wenn Sie nur über sich selbst sprechen.

Gehen Sie mit echtem Interesse und Neugierde auf andere Menschen zu. Diese Fähigkeiten werden Ihnen dabei helfen, Ihre Schüchternheit zu überwinden. Je mehr Sie üben, desto schneller werden Sie zu einem wahren Gesprächsexperten.

Was macht eine gute Konversation aus?

Ein Gespräch besteht aus zahlreichen verschiedenen Elementen. Im Folgenden finden Sie einige Faktoren, mit deren Hilfe Sie peinliches Schweigen vermeiden können:

Engagiertes Hören

Aktives Zuhören bedeutet, dass Sie immer genau zuhören, wenn jemand etwas zu Ihnen sagt. Gelegentlich hören Teilnehmer eines Gesprächs eher zu, um zu reagieren, als um zu verstehen, was die Person sagt.

Wenn Sie diese wichtige Fähigkeit des Zuhörens anwenden, wird Ihr Gesprächspartner merken, dass Sie aufmerksam zuhören. Das zeugt von emotionaler Intelligenz. Außerdem werden Sie sich dadurch wahrscheinlich besser an das Gespräch erinnern.

Wenn Sie das Gehörte dem Sprecher gegenüber wiederholen, verbessern Sie dadurch Ihre Fähigkeit des aktiven Zuhörens, da Sie dadurch weniger sprechen und mehr zuhören müssen.

Nachfragen und Antworten auf Anfragen

Eine weitere Möglichkeit, um zu zeigen, dass Sie ein guter Zuhörer sind, besteht darin, Ihren Gesprächspartnern Fragen zu stellen.

Als Antwort auf die Aussage einer anderen Person können Sie das Gespräch erweitern, indem Sie weitere Fragen stellen. Oder Sie können sich nach etwas erkundigen, über das Sie sich nicht sicher sind oder über das Sie mehr erfahren möchten.

Damit zeigen Sie Ihrem Gesprächspartner, dass Sie wirklich an seinen Worten interessiert sind.

Entdecken Sie gemeinsame Interessen und Eigenschaften

Hören Sie bei Gesprächen aufmerksam zu, um zu erkennen, ob Sie ähnliche Dinge erlebt haben. Bringen Sie zunächst das Gespräch in

Gang, indem Sie gemeinsame Interessen ansprechen, die Ihnen geeignete Gesprächsthemen liefern.

Gemeinsame Interessen erlauben es Ihnen, das Gespräch produktiver zu gestalten. Das ist wichtig, um den Gesprächsfluss aufrechtzuerhalten.

Setzen Sie sich ein Ziel für die Diskussion

Bevor Sie ein Gespräch beginnen, sollten Sie sich einen Plan zurechtlegen, ganz gleich, ob Sie einen Kollegen im Geschäft getroffen haben oder an einer Networking-Veranstaltung teilnehmen.

Wenn Sie sich ein klares Ziel setzen, gibt das dem Gespräch eine Richtung. Dadurch reduzieren Sie das Risiko, dass sich das Gespräch unangenehm anfühlt.

Wenn Sie merken, dass das Gespräch ins Stocken gerät, können Sie ein neues Thema ansprechen, indem Sie sich auf das Ziel des Gesprächs beziehen.

Wie man ein erfolgreiches Gespräch führt

Fällt es Ihnen immer noch schwer, Gespräche zu führen? Hier sind einige Tipps dazu, wie Sie in formellen und informellen Situationen erfolgreich Gespräche führen können:

Stellen Sie viele Fragen

Geben Sie Ihrem Gesprächspartner die Gelegenheit, Fragen zu beantworten und die Initiative zu ergreifen. Sie sollten dabei aber natürlich vermeiden, dass Ihr Gesprächspartner das Gefühl hat, verhört zu werden.

Vermeiden Sie Streitfragen

Achten Sie stets auf Ihre Umgebung und auf die Personen, mit denen Sie sprechen. Vermeiden Sie es, heikle oder kontroverse Themen anzusprechen. Das kann sich auf alles beziehen, auch auf Themen wie Politik oder Religion.

Lächeln Sie

Wenn Sie ein Gespräch beginnen, kann ein freundliches Lächeln sehr wirkungsvoll sein. Bevor Sie zu sprechen anfangen, sollten Sie Ihren potenziellen Gesprächspartner anlächeln. Ein Lächeln zeigt, dass Sie ansprechbar und freundlich sind.

Stellen Sie Augenkontakt her

Wenn Sie den Augenkontakt aufrechterhalten, zeigt dies Ihr Interesse und Ihre Teilnahme an einem Gespräch.

Wenn Sie sich ständig umschauen, wird Ihr Gesprächspartner annehmen, dass Sie sich nicht für das interessieren, was er zu sagen hat, oder dass Sie abgelenkt sind.

Machen Sie Ihrem Gegenüber ein Kompliment

Machen Sie eine aufmerksame Geste, wie zum Beispiel eine freundliche Bemerkung, derartige Aufmerksamkeiten werden immer positiv wahrgenommen. Wenn Sie Ihrem Gesprächspartner ein Kompliment machen, wird er sich dadurch wohler fühlen. Außerdem bereichert dies Ihr Gespräch.

Achten Sie genau darauf, was die andere Person sagt, damit Sie nach Gelegenheiten suchen können, um ihr ein aufrichtiges Kompliment zu machen.

Bitten Sie um Vorschläge oder Ratschläge

Bitten Sie Ihren Gesprächspartner um Vorschläge oder Ratschläge, wenn Sie sich nicht sicher sind, wie Sie das Gespräch fortführen sollen. Dadurch zeigen Sie Ihre Wertschätzung und Ihr Interesse an dem, was Ihr Gesprächspartner sagt.

Es ist nicht schwer, jederzeit mit jedem über alles Mögliche zu sprechen. Wenn Sie sich auf das Gespräch konzentrieren und bereit sind zu lernen, werden Sie mit Sicherheit zu einem großartigen Gesprächspartner werden.

Kapitel 7: 50 narrensichere Fragen, die Sie jedem stellen können

Jeder kennt das flaue Gefühl im Magen, wenn er ein unangenehmes Gespräch beginnt, und das Gespräch wird immer unangenehmer, bis es schließlich abrupt zum Stillstand kommt. Das Aufrechterhalten eines Gespräches ist oft eine Herausforderung, denn es erfordert einen kontinuierlichen Fluss von Gedanken und Ideen, die zwischen den Teilnehmern ausgetauscht werden.

Es ist erwiesen, dass es für uns Menschen schwieriger ist, ein Gespräch anzufangen als es in Gang zu halten. Dafür könnte es eine Vielzahl verschiedener Gründe geben, darunter unter anderem ein geringes Selbstwertgefühl, geringes Selbstbewusstsein, soziale Ängste und einen Mangel an Gesprächsideen.

Es gibt bestimmte Fragen, die Sie sich merken müssen und die Ihnen in jeder Situation helfen können.

Gesprächsideen können bequem mit einer oder mit mehreren Personen besprochen werden. Sie werden gemeinhin als Small Talk bezeichnet und können Ihnen dabei helfen, reibungslose Gespräche zu führen.

Es gibt gute Small Talk-Themen (Wetter, Arbeit und Essen) und schlechte Small Talk-Themen (Sex, Tod, Gesundheit), die in den vorangegangenen Kapiteln hinreichend behandelt worden sind.

Bevor Sie ein Gespräch mit jemandem beginnen, insbesondere mit einem Fremden, machen Sie sich eine gedankliche Notiz über alles, was Sie gerne besprechen möchten. Ein gutes Small Talk-Thema wird Ihr Gespräch in die richtige Richtung lenken, ganz gleich, ob es um Sport, Geschäfte, Spaß oder einfach nur um ein ungezwungenes Gespräch geht.

Wie wird Small Talk begonnen? Small Talk folgt immer einem bestimmten Muster, bei dem Sie der anderen Person einige Informationen geben, bevor Sie ihr eine Frage stellen. Wenn Sie zum Beispiel jemanden zum ersten Mal treffen, stellen Sie sich zunächst vor und fragen Sie dann nach dem Namen der Person. Small Talk läuft stets nach demselben Muster ab, aber es geht dabei um mehr als nur darum, dass Sie sich vorstellen.

Sie müssen verstehen, dass die Informationen, die Sie der Person mitteilen, und die Fragen, die Sie stellen, über den Erfolg Ihres Gesprächs entscheiden. Stellen Sie daher sicher, dass die Fragen, die Sie stellen, präzise, klar und fehlerfrei sind. Fragen wie diese sorgen für gute Antworten, die zu wunderbaren Gesprächen führen.

Was sind narrensichere Fragen?

Eine narrensichere Frage ist so konzipiert und formuliert, dass sie keinen Raum für Verwirrung übriglässt. Es handelt sich also um kurze, gut verständliche Fragen, die Ihnen dabei helfen, Ihr Ziel einer erfolgreichen gemeinsamen Kommunikation zu erreichen. Daher werden derartige Fragen als Erfolgsgarantie angesehen.

Im Folgenden finden Sie einige der Kriterien, die narrensichere Fragen ausmachen:

- Sie werden nie alt und sind daher in jeder Situation ein nützlicher Gesprächsbeitrag.
- Sie helfen Ihnen dabei, nützliche Informationen über die andere Person zu sammeln, die Ihnen bei einem erneuten Treffen mit derselben Person nützlich sein könnten.
- Sie sind klar, prägnant und erklären sich von selbst.
- Sie können von jedem beliebigen Thema ausgehen.
- Sie sind miteinander verknüpft, d.h. Sie können Fragen von einem Thema zum nächsten miteinander verbinden, was das Gespräch noch interessanter macht.
- Sie werden subtil in Ihren Gesprächen mit anderen platziert.
- Sie ermöglichen Ihrem Gesprächspartner oft mehr als eine bloße Ja- oder Nein-Antwort, so dass Sie sich besser unterhalten können.
- Sie sind grenzenlos und fallen Ihnen schnell ein, ohne dass Sie zu viel nachdenken müssen.

Warum sollten Sie narrensichere Fragen in Gespräche integrieren?

Bevor Sie die narrensicheren Fragen in Ihrem Umgang mit Menschen verwenden, sollten Sie wissen, warum sie empfohlen werden.

Vorteile narrensicherer Fragen

1. **Sie helfen Ihnen dabei, eine gemeinsame Gesprächsbasis zu finden:** Narrensichere Fragen helfen Ihnen dabei, mehr über

die Vorlieben und Abneigungen Ihres Gesprächspartners herauszufinden, so dass Sie Ihr Gespräch auf einer gemeinsamen Basis aufbauen können.

2. **Sie helfen Ihnen beim Aufbau sozialer Fähigkeiten:** Kommunikation ist eine soziale Fähigkeit. Wenn Sie regelmäßig narrensichere Fragen in Ihre Gespräche einbauen, entwickeln Sie diese Fähigkeit weiter und werden immer besser in Diskussionen und letztendlich in der Kommunikation mit anderen, ohne sich dabei zu sehr anstrengen zu müssen.

Es hilft Ihnen auch dabei, andere soziale Fähigkeiten zu entwickeln, wie z.B. Einfühlungsvermögen, aktives Zuhören, Beziehungsmanagement usw.

3. **Sie helfen Ihnen dabei, bequem mit anderen zu interagieren:** Narrensichere Fragen sorgen dafür, dass Sie sympathischer wirken, was das Gespräch erleichtert und Sie von unnötigen Unannehmlichkeiten befreit.

4. **Sie geben Ihnen die Kontrolle über das Gespräch:** Durch narrensichere Fragen behalten Sie die Kontrolle und lenken die Diskussion in die von Ihnen gewünschte Richtung.

5. **Sie helfen Ihnen dabei, eine Bindung aufzubauen:** Narrensichere Fragen entlocken Menschen oft schnell wertvolle Informationen und schaffen eine enge Verbindung zwischen Ihnen.

Wie Sie narrensichere Fragen richtig verwenden

Wenn Sie narrensichere Fragen in Gespräche einbauen wollen, sollten zunächst einige Grundvorausetzungen erfüllt werden, um den Erfolg der Fragen zu maximieren.

1. **Interpretieren Sie Ihre Umgebung:** Bevor Sie narrensichere Fragen in Ihren Gesprächen verwenden, sollten Sie sicherstellen, dass Sie Ihre Umgebung sorgfältig beobachtet und gut verstanden haben. Zum Beispiel sollten Sie jemanden, der einen schlechten Tag hatte, nicht mit einem breiten Lächeln ansprechen. Sprechen Sie die Person stattdessen in einem Tonfall an, der Ihrer Stimmung

entspricht und hören Sie genau auf das, was sie sagt. Die richtige Einschätzung Ihrer Umgebung wird Ihnen bei der Festlegung Ihrer Fragen sehr helfen.

2. **Ihre Fragen müssen gut nachvollziehbar sein:** Wenn Sie narrensichere Fragen stellen, müssen diese so relevant für die Person wie möglich sein. Das mag Ihnen zunächst schwierig erscheinen, aber wenn Sie Fragen stellen, die darauf basieren, wie Sie die Person kennengelernt haben, ist das ein guter Anfang.

   Erkundigen Sie sich bei jemandem, den Sie bei einem Spiel getroffen haben, zum Beispiel über Einzelheiten zu dem Sport. Wenn Sie jemanden in einer Bibliothek treffen, fragen Sie ihn nach seinen Lieblingsautoren. Fragen Sie jemanden, den Sie in einer Kunstausstellung treffen, nach seinen künstlerischen Inspirationen und nach seinen Vorbildern. Gespräche werden sich stets natürlicher anfühlen, wenn Sie mit Themen beginnen, die beiden Parteien bereits bekannt sind.

3. **Setzen Sie aktives Zuhören in Ihren Gesprächen ein:** Es reicht nicht aus, nur Fragen zu stellen, Sie müssen auch aufmerksam auf das hören, was gesagt wird. Es ist notwendig, Fragen zu stellen, um Antworten zu erhalten, aber wenn Sie nicht zuhören, sind die Antworten sinnlos. Es ist viel einfacher, ein Gespräch zu führen, wenn Sie aktiv zuhören, denn so können Sie Ihre nächste Bemerkung oder Anfrage sorgfältig vorbereiten.

4. **Erkundigen Sie sich nach weiteren Informationen:** Wenn die Fragen, die Sie gestellt haben, beantwortet wurden, stellen Sie weitere Fragen. Bei einem Gespräch sollten beide Parteien verschiedene Informationen austauschen. Ihr Gesprächspartner wird Fragen für Sie haben. Achten Sie darauf, angemessen zu antworten und ausreichend Informationen zu geben, ohne das Gespräch zu intim zu gestalten, indem Sie anfangs zu viele Informationen preisgeben.

5. **Bleiben Sie sich selbst treu:** Wenn Sie sich mit jemandem unterhalten, ist es am besten, bestimmte Dinge über sich selbst nicht zu übertreiben. Sie sollten es vermeiden, die Art

und Weise, wie Sie sprechen zu verstellen, Ihre Geschichten auszuschmücken oder irgendetwas an sich selbst zu verändern, um Ihrem Gegenüber zu gefallen. Wenn Sie sich so zeigen, wie Sie wirklich sind, erhöht das die Wahrscheinlichkeit, dass Sie dabei Erfolg haben.

50 praktische, narrensichere Fragen, die immer funktionieren

Narrensichere Fragen werden nie alt. Deshalb haben wir für Sie eine Liste mit 50 Fragen zusammengestellt, die in verschiedene Kategorien unterteilt worden sind, damit Sie produktivere Gespräche miteinander führen können.

Kategorie A: Das Wetter

Wenn Sie mit Fremden über das Wetter sprechen, nutzen Sie eine altbewährte Methode, um das Eis zu brechen und ein neues Gespräch zu beginnen. Narrensichere Fragen machen Gespräche noch angenehmer, indem Sie neue interessante Themen einführen. Im Folgenden finden Sie einige Beispiele wetterbezogener Fragen:

1. Es ist ein herrlicher Tag, die Sonne scheint so schön. Haben Sie das gute Wetter genossen?
2. Es ist wirklich kalt. Sind Sie sicher, dass es Ihnen nichts ausmacht, hier draußen im Freien zu stehen?
3. In letzter Zeit hat es viel geschneit. Wird die (Party, der Gottesdienst, das Treffen, etc.) trotzdem stattfinden?
4. Vertrauen Sie der Wettervorhersage?
5. Was ist Ihr Lieblingswetter?

Wenn Sie sich entschließen, ein Gespräch über das Wetter zu beginnen, halten Sie es kurz, denn die Leute werden sich schnell langweilen, wenn Sie immer nur über das Wetter reden.

Kategorie B: Kunst und Unterhaltung

Fast jeder Mensch blüht förmlich auf, wenn sein Lieblingsfilm, Roman, Gedicht oder ein anderes beliebtes Kunstwerk erwähnt wird. Nutzen Sie dies zu Ihrem Vorteil, vor allem, wenn Sie merken, dass Ihr Gesprächspartner etwas bei sich trägt, das auf sein Interesse an diesem Werk schließen lässt. Dieses Ziel können Sie mit den folgenden Fragen erreichen:

6. Ich habe diesen (Film/Buch/Musik) erst gestern (gesehen/gelesen/gehört). Hat er Ihnen gefallen? Haben Sie...?

7. Sie haben den neuen Film gesehen, nicht wahr? Wie hat er Ihnen gefallen?

8. Ich lese die Bücher von (Name des Autors) sehr gerne, sie sind einfach köstlich. Ich nehme an, dass Sie sie auch mögen?

9. (Name des Musikers) macht großartige Musik. Welches ist Ihr Lieblingslied/Album?

10. Lesen Sie zurzeit ein gutes Buch? Ich würde mich über ein paar Empfehlungen freuen.

11. Was war der letzte Film, den Sie sich angesehen haben?

Auch wenn Sie andere Vorlieben haben, hören Sie sich die Worte Ihres Gegenübers ohne Vorurteile an. Vielleicht lernen Sie gerade erst das zu schätzen, was der andere schätzt. Und selbst wenn nicht, haben Sie trotzdem etwas gelernt.

Kategorie C: Reisen

Wenn Sie gerade im Urlaub sind, werden Sie oft in Gespräche über das Reisen verwickelt werden. Sie sollten die folgenden Fragen ausgiebig verwenden, denn alle anderen Menschen, die Sie vor Ort treffen, sind wahrscheinlich auch im Urlaub.

12. Hallo, ich bin (Name). Was ist Ihr Name?

13. Woher kommen Sie?

14. Machen Sie hier zum ersten Mal Urlaub? Wo waren Sie sonst schon?

15. Sind Sie alleine hier?

16. Sie haben schon so viele Orte besucht! Welcher ist Ihr bisheriger Favorit?

17. Welches Reiseziel steht derzeit ganz oben auf Ihrer Wunschliste?

Denken Sie daran, auch Ihre Wünsche und Ansichten mit der anderen Person zu teilen und zu sehen, ob Sie Gemeinsamkeiten finden.

Kategorie D: Arbeit

Diese Fragen werden häufig bei offiziellen Anlässen gestellt und eignen sich hervorragend für den Einstieg in Gespräche mit anderen Fachleuten aus verschiedenen Organisationen. Im Folgenden finden Sie eine Auswahl von Beispielen für Fragen, die sich in solchen Situationen eignen:

18. Wie sind Sie zu Ihrem derzeitigen Job gekommen?

19. Würden Sie beruflich lieber etwas anderes tun? Was ist Ihr Traumjob?

20. Wie sieht ein typischer Arbeitstag bei Ihnen aus?

21. Woran arbeiten Sie im Moment?

22. Was sind Ihre beruflichen Ziele für die Zukunft?

Kategorie E: Hobbys

Es ist in der Regel eine gute Idee, Fragen zu den Hobbys Ihrer Gesprächspartner zu stellen, da sich von dem Thema verschiedene Fragen ableiten lassen. Im Folgenden gibt es einige Beispiele für geeignete Fragen:

23. Was machen Sie am liebsten in Ihrer Freizeit?

24. Meine Hobbys sind (sprechen Sie über Ihre Hobbys). Was sind Ihre?

25. Haben Sie jemals daran gedacht, mit Ihren Hobbys Geld zu verdienen?

26. Ich würde mich freuen, wenn Sie mir zeigen könnten, wie das geht.

Kategorie F: Familie

Die Familie ist ein weiteres gutes Thema für Small Talk; zu diesem Thema gibt es immer viel zu besprechen. Hier sind einige Fragen:

27. Wann und wo wurden Sie geboren?

28. Hatten Sie als Kind einen Spitznamen? Würden Sie mir sagen, was Ihr Spitzname war?

29. Werden Sie immer noch mit Ihrem Spitznamen aus Ihrer Kindheit angesprochen?

30. Gehören Sie einer bestimmten Religion an? (Wenn sich die Religion von der Ihren unterscheidet, wechseln Sie am besten das Thema)

31. Haben Sie irgendwelche Familientraditionen? Können Sie mir von ihnen erzählen?

32. Leben Ihre Eltern noch in dem Haus, in dem Sie aufgewachsen sind?

33. Gibt es in Ihrer Familie berühmte Persönlichkeiten?

Auch wenn dies ein interessantes Thema ist, sollten Sie Ihre Fragen kurz und einfach halten, um nicht zu neugierig zu wirken. Sie wollen schließlich nicht, dass Ihr Gegenüber Sie als neugierig empfindet.

Kategorie G: Lebensmittel

Im Folgenden finden Sie einige Fragen dazu, wie Lebensmittel Ihnen als ein fantastisches Konversationsthema dienen können:

34. Hat Ihnen das Essen geschmeckt?

35. Was ist Ihr Lieblingsfastfood?

36. Was ist das Überraschendste, was Sie je gegessen haben?

37. Was würden Sie essen, wenn Sie für den Rest Ihres Lebens nur noch eine Sache essen könnten?

38. Was wären Sie, wenn Sie ein Gericht sein müssten?

39. Welches Gericht würden Sie niemals essen, auch wenn Ihr Leben davon abhinge?

Seien Sie darauf vorbereitet, über die Antworten zu lachen, die Sie erhalten werden, denn sie könnten Sie überraschen.

Kategorie H: Technologie

Während es manchmal langweilig sein kann, sich mit anderen Leuten über Technologie zu unterhalten, werden Sie mit der richtigen Gesellschaft Spaß daran haben, sich über verschiedene Gadgets auszutauschen. Die folgenden sind einige gute Einstiegsfragen:

40. Wie ich sehe, verwenden Sie ein (Name des Geräts). Das ist ja cool. Warum haben Sie sich (Name des Geräts) ausgesucht?

41. Welches Handy würden Sie sich kaufen, wenn Sie jedes Handy auf der Welt kaufen könnten?

42. Was halten Sie von den wissenschaftlichen Fortschritten in (Gesundheit, Landwirtschaft usw.), insbesondere (nennen Sie ein bestimmtes wissenschaftliches Ereignis)

43. iPhone oder Android?

44. Würden Sie eine freiberufliche Tätigkeit in (nennen Sie einen technischen Bereich, z.B. Cybersicherheit, Webdesign usw.) in Betracht ziehen?

Solche Gespräche können schnell unentspannt werden, daher sollten Sie wissen, wann Sie das Thema wechseln müssen.

Kategorie I: Sport

Jeder Mensch hat eine Vorliebe für Sport, und es liegt an Ihnen, herauszufinden, was diese Vorliebe ist, und Sie sollten Ihre narrensicheren Fragen entsprechend formulieren. Im Folgenden finden Sie einige Fragen zum Thema Sport, die Sie in Betracht ziehen sollten:

45. Welchen Sport treiben Sie? Welche Mannschaften verfolgen Sie?

46. Haben Sie jemals mit Ihrer Schulmannschaft Sport getrieben?

47. Wer ist Ihr derzeitiger Lieblingssportler? Und warum?

48. Welcher Mannschaft drücken Sie bei diesem Spiel die Daumen?

49. Wie oft spielen Sie?

50. Kann ich Ihrem Team beitreten?

Was Sie bei der Verwendung von narrensicheren Fragen beachten sollten

Auch wenn Sie narrensichere Fragen brauchen, um Ihre Konversation zu verbessern, müssen Sie zunächst verstehen, wie sie funktionieren, um sie richtig einzusetzen.

1. **Sie müssen Ihr Gespräch nicht unbedingt mit einer narrensicheren Frage beginnen:** Wenn Sie sich nicht sicher sind, ob Sie eine narrensichere Frage einbringen sollten, sollten Sie erstmal etwas anderes sagen. Sie können sich stattdessen erstmal vorstellen, Ihrem Gesprächspartner ein Kompliment machen oder diese beiden Gesprächselemente kombinieren.

   Es ist nicht immer notwendig, mit einer Frage zu beginnen. Wenn Sie zum Beispiel bei einer Veranstaltung sind und dort jemanden bemerken, können Sie das Gespräch mit einer Vorstellung beginnen, auch wenn Sie die

Person noch nie zuvor getroffen haben. Machen Sie der Person ein Kompliment über ihre Kleidung oder über ihre Frisur. Danach können Sie sich nach dem Wohlbefinden der Person erkundigen und mit wem sie gekommen ist. Sie werden merken, dass Sie allmählich in den Small Talk einsteigen und damit anfangen können, Fragen zu stellen.

2. **Denken Sie daran, dass die Zahl der narrensicheren Fragen unendlich ist:** Die oben aufgeführten Fragen geben Ihnen vor, wie Sie narrensichere Fragen formulieren und sie richtig einsetzen können. Daher können Sie die Fragen jederzeit ändern oder sich Ihre eigenen ausdenken. Alles, was Sie tun müssen, ist, die Person, mit der Sie sprechen möchten, zu beobachten, etwas über sie herauszufinden und darauf einzugehen.

   Achten Sie bei der Formulierung Ihrer Fragen darauf, dass sie sich auf Ihr Fachgebiet beziehen. Wenn Sie nichts über den Weltraum wissen, sollten Sie Fragen zu diesem Thema vermeiden.

   Wenn Sie Fragen stellen müssen, die nicht in Ihr Fachgebiet fallen, informieren Sie die andere Person darüber, dass Sie unerfahren sind. Achten Sie darauf, dass Sie sich nicht blamieren.

3. **Vermeiden Sie schlechte Small Talk-Themen vollständig:** Diese Regel ist besonders wichtig, wenn Sie neue Leute oder entfernte Bekannte treffen. Small Talk-Themen wie Sex, Tod und Politik könnten einen Streit entfachen oder zu Spannungen zwischen Ihnen führen.

   Wenn das Gespräch darauf hinausläuft, bemühen Sie sich, es so schnell wie möglich zu beenden. Wechseln Sie das Thema, nachdem Sie sich höflich zu dem vorherigen Punkt geäußert haben.

4. **Seien Sie selbstbewusst:** Selbst wenn eine nervöse Person die besten idiotensicheren Fragen stellt, kann sie schnell erbärmlich wirken. Ihr Selbstvertrauen hat also einen großen Einfluss auf die Art und Weise, wie Sie Ihre Fragen stellen sollten. Bevor Sie sich auf ein Gespräch einlassen, sollten Sie daher Ihr Selbstvertrauen stärken.

Denken Sie daran, dass die Menschen, mit denen Sie sprechen, wahrscheinlich selbst auch schüchtern und nervös sind, denn es ist völlig normal, ein wenig Angst zu haben.

5. **Seien Sie charmant:** Narrensichere Fragen funktionieren am besten, wenn Sie sie wie ein Gentleman oder wie eine Dame stellen. Achten Sie besonders darauf, dass Sie bei Gesprächen und Fragen anständig und höflich sind, denn so werden Sie sich bei den Menschen beliebter machen.

6. **Verlieren Sie das Ziel des Gesprächs nicht aus den Augen:** Je nachdem, mit wem Sie sprechen und warum, sollten Sie die Zeit, die Sie für den Small Talk aufwenden, entsprechend anpassen.

   Wenn Sie mit einem Kumpel oder Bekannten abhängen, ist es absolut angemessen, sich mit ihm so lange zu unterhalten, wie Sie möchten. Bevor Sie das Thema in einem Gespräch mit einem Fremden wechseln, sollten Sie Ihre Fragen kurz, direkt und respektvoll formulieren.

   Daran sollten Sie sich stets halten, denn für die meisten Menschen reicht es aus, wenn sie sich kurz nach ihrem Wohlbefinden und nach ihrem Wohnort erkundigen, bevor sie auf den Punkt kommen, da sie meist wissen, dass Sie einen anderen Gesprächsinhalt anstreben.

7. **Seien Sie aufrichtig:** Aufrichtigkeit im Gespräch kann gar nicht hoch genug gelobt werden; sie kann ein entscheidender Faktor sein, wenn sie richtig eingesetzt wird. Bemühen Sie sich daher beim Small Talk stets um Aufrichtigkeit und Ehrlichkeit. Das macht einen großen Unterschied.

8. **Schlagen Sie ein „nächstes Mal" vor:** Wenn Sie ein angenehmes Gespräch mit jemandem führen, sollten Sie am Ende vorschlagen, das Gespräch bei der nächsten Begegnung mit dieser Person fortzusetzen. Sie haben dadurch bessere Chancen, eine langfristige neue Bekanntschaft zu machen und eine Verbindung zu der Person herzustellen, wenn Sie sie zum ersten Mal getroffen haben.

9. **Bauen Sie Ihre Fragen aufeinander auf:** Wenn Sie feststellen, dass Sie mit den narrensicheren Fragen den besten Weg zu einem reibungslosen Gespräch gefunden haben, bauen Sie darauf auf. Das bedeutet in diesem Zusammenhang nicht,

dass Sie neue Möglichkeiten erfinden sollten, um dieselben Fragen zu stellen, sondern, dass Sie neue Fragen formulieren, die auf früheren Gesprächen mit dieser Person basieren. Sie können nicht immer die gleichen Fragen stellen, wenn Sie sich wiederholt mit jemandem treffen. Lernen Sie die Interessen der Person kennen und variieren Sie Ihre Fragen, um mehr Informationen über ihre Vorlieben und Abneigungen zu erhalten. Diese Art der Befragung erfordert ein gutes Gedächtnis, um sich wichtige Details über die Person zu merken.

Narrensichere Fragen sind einfache und praktische Fragen, die fast jeder gut nutzen kann. Sie sind der Spickzettel, den Sie brauchen, um den sinnvollen, intelligenten Small Talk zu meistern. Diese Fragen mögen Ihnen manchmal recht kompliziert erscheinen, aber sie sind es eigentlich nicht. Sie müssen nur wissen, wie und wo Sie sie einsetzen können, dann klappt es schon.

Erinnern Sie sich immer daran, dass Gespräche einfach sind und keine große Anstrengung Ihrerseits erfordern. Sie können ein Gespräch über jedes beliebige Thema beginnen, je nachdem, wie Ihr Gesprächspartner drauf ist.

Narrensichere Fragen helfen Ihnen dabei, Ihre sozialen Fähigkeiten aufzubauen und weiterzuentwickeln. Sie müssen sich nicht auf die oben aufgeführten Fragen beschränken, und Sie können beim Erstellen Ihrer Fragen viel Spaß haben. Diese lassen sich zu Ihrem Vorteil abwandeln und helfen Ihnen dabei, das Gespräch effektiv zu steuern.

Denken Sie daran, dass das Auftreten und die Herangehensweise wichtig sind, wenn Sie Ihre Fragen stellen. Seien Sie immer anständig, höflich und aufrichtig, wenn Sie sich mit jemandem unterhalten.

Üben Sie diese Fragen, damit Sie den Dreh raushaben und halten Sie sich an die hier genannten praktischen Anleitungen, um in kürzester Zeit die ersten Erfolge zu erzielen.

Kapitel 8: Blickkontakt und Hacks für die Körpersprache

Obwohl Small Talk und narrensichere Fragen ein Gespräch in Gang bringen können, das weitreichend und interessant ist, gehört noch mehr dazu, eine tiefere Verbindung mit der anderen Person aufzubauen. Sie müssen üben, Augenkontakt herzustellen und Ihre Körpersprache angemessen einzusetzen, um eine gemeinsame Basis für eine gute Verbindung zu schaffen. In diesem Kapitel erfahren Sie mehr darüber, wie Sie Augenkontakt und Körpersprache zu Ihrem Vorteil nutzen können.

Die Körpersprache spielt eine wichtige Rolle dabei sicherzustellen, dass sich Menschen in Ihrer Nähe wohlfühlen, wenn Sie sich mit Ihnen unterhalten.

Die Augen

Da Ihnen die Augen viel über die Gefühle einer Person verraten können, werden sie üblicherweise als das Tor zur Seele bezeichnet. Die Beobachtung der Augenbewegungen während eines Gesprächs ist ein entscheidender Schritt beim Aufbau der erfolgreichen Kommunikation. Zu den typischen Augenbewegungen gehören das Blinzeln, das Herstellen von Augenkontakt und das Vermeiden des direkten Blicks in die Augen des anderen. Die Aufmerksamkeit ist der Schlüssel zum Verständnis der Körpersprache Ihres Gegenübers. Achten Sie auf eines der folgenden Augensignale:

Direkter Blickkontakt

Wenn eine Person Ihnen direkt in die Augen schaut, zeigt sie Ihnen damit, dass sie an dem Gespräch interessiert ist und Ihnen Aufmerksamkeit schenkt. Ein zu langes Starren kann jedoch dazu führen, dass sich die andere Person durch Sie bedroht fühlt. Wenn die Person den Blickkontakt vermeidet, fühlt sie sich unwohl und möchte das Gespräch vielleicht beenden.

Blinzeln

Augenblinzeln ist zwar normal, aber zu viel oder zu wenig Blinzeln kann Ihnen Aufschluss darüber geben, wie sich eine Person während des Gesprächs fühlt. Wenn die andere Person beispielsweise zu oft blinzelt, könnte sie sich ängstlich fühlen, während zu wenig Blinzeln mit dem Verbergen von Gefühlen in Verbindung gebracht wird. Wie ein professioneller Pokerspieler kontrollieren auch Menschen, die weniger blinzeln, ihr Blinzeln bewusst.

Größe der Schülerschaft

Genauso wie sich eine unterschiedliche Lichtintensität sich auf die Pupillengröße auswirkt, können wechselnde Emotionen eine Pupillenverengung oder -erweiterung bewirken. Die bemerkenswertesten Auswirkungen von Emotionen auf die Pupillengröße werden festgestellt, wenn eine Person jemanden anstarrt oder zum ersten Mal schockierende Nachrichten hört.

Gesichtsausdrücke

Denken Sie kurz darüber nach, wie viel ein Mensch durch seinen Gesichtsausdruck ausdrücken kann. Ein Lächeln kann Zustimmung oder Freude ausdrücken. Ein Schmunzeln kann Zustimmung oder Zufriedenheit ausdrücken. Unsere wahren Gefühle in Bezug auf eine Situation lassen sich manchmal an unserem Gesichtsausdruck ablesen. Auch wenn Sie beispielsweise behaupten, ganz gesund zu sein, könnte man Ihnen aufgrund Ihres Gesichtsausdrucks gegebenenfalls nicht glauben.

Im Folgenden finden Sie einige Beispiele für Emotionen, die sich durch Ihre Mimik ausdrücken:

- Glücklichkeit
- Traurigkeit
- Wut
- Überraschung
- Ekel
- Furcht
- Verwirrung
- Aufregung
- Begehren
- Verachtung

Sogar unser Vertrauen in die Person oder unser Glaube an deren Worte lässt sich von ihrem Gesichtsausdruck ableiten.

Die psychologische Forschung hat bereits zahlreiche faszinierende Ergebnisse zum Thema Körpersprache hervorgebracht. Einer Studie zufolge sind die verlässlichsten Gesichtsausdrücke ein Lächeln und ein Anheben der Augenbrauen. Den Experten zufolge strahlt dieser Blick Freundlichkeit und Zuversicht aus. Einer der am einfachsten erkennbaren Teile der Körpersprache ist der Gesichtsausdruck. Überall auf der Welt drücken ähnliche Gesten Freude, Trauer, Wut und Angst aus.

Durch die Forschungsprojekte von Paul Ekman wurde festgestellt, dass eine Reihe von Gesichtsausdrücken, die mit bestimmten Emotionen verbunden sind, wie Freude, Wut, Angst, Überraschung und Traurigkeit, universell sind. Studien haben ergeben, dass wir aufgrund von Gesichtsausdrücken sogar Vermutungen über die Intelligenz einer Person anstellen können.

Eine andere Studie ergab, dass Menschen schneller für intelligent gehalten wurden, wenn ihre Gesichter kleiner und ihre Nasen ausgeprägter waren. Außerdem wurden Menschen mit glücklichen, lächelnden Gesichtern als intelligenter wahrgenommen als Menschen mit wütenden Gesichtsausdrücken.

Körperhaltung

- Eine gute Körperhaltung im Stehen oder im Sitzen kann Sicherheit und Konzentration zeigen.
- Eine schlaffe Körperhaltung kann ein Zeichen von Unsicherheit oder Desinteresse sein.
- Sie können zeigen, dass Sie sich auf das Gespräch einlassen und dass Sie sich für das, was die andere Person sagt interessieren, indem Sie sich etwas in ihre Richtung lehnen.
- Wenn Sie Ihre Arme vor Ihrer Brust verschränken, könnte dies auf eine verschlossene oder defensive Haltung hindeuten.
- Ein Lächeln kann Wärme, Freude und Freundlichkeit durch Ihre Mimik ausdrücken.
- Ein finsterer Blick oder ein Stirnrunzeln kann Unzufriedenheit, Missbilligung oder Negativität ausdrücken.
- Indem Sie Ihre Augenbrauen hochziehen, können Sie Überraschung ausdrücken oder zeigen, dass Sie zuhören und aufmerksam sind.
- Ein Kopfnicken kann Zustimmung oder Verständnis ausdrücken.
- Kopfschütteln kann ein Zeichen von Uneinigkeit oder Verwirrung sein.
- Sie können einen Punkt hervorheben oder weitere Informationen durch Handgesten und nonverbale Zeichen ausdrücken.
- Ehrlichkeit und Offenheit können durch offene Handbewegungen vermittelt werden. Im Gegensatz dazu können Feindseligkeit und Abwehrhaltung durch geschlossene oder geballte Fäuste vermittelt werden.

Annäherung

- Wenn Sie jemandem im Stehen oder Sitzen zu nahekommen, kann das einschüchternd wirken oder Sie können versehentlich in die Privatsphäre der Person eindringen.

- Es kann unter diesen Umständen schwierig sein, ein sinnvolles Gespräch zu führen oder der Person ein Gefühl der Verbundenheit zu vermitteln, wenn Sie zu weit weg stehen oder sitzen.

- Der Aufbau einer angenehmen und vertrauenswürdigen Beziehung kann durch die Einhaltung einer akzeptablen Distanz zu Ihrem Gesprächspartner erleichtert werden.

Der Mund

Achten Sie beim Deuten der Körpersprache Ihres Gegenübers immer auf die Mundbewegungen und die Haltung der Person während des Gesprächs. Wer sich zum Beispiel ständig auf die Unterlippe beißt, zeigt, dass er sich ängstlich, traurig oder verunsichert fühlt.

- Wenn jemand während des Gesprächs hustet und sich den Mund zuhält, kann das als höfliche Geste verstanden werden. Husten während der Kommunikation kann aber auch bedeuten, dass die andere Person nicht einverstanden ist und ihren Ärger verbirgt.

- Obwohl Lächeln eines der besten körpersprachlichen Signale ist, kann es auf verschiedene Arten und Weise aufgegriffen werden.

- Ein Grinsen kann aufrichtig wirken, kann aber auch Zynismus, Sarkasmus oder vorgetäuschte Freude vermitteln.

Achten Sie beim Lesen der Körpersprache einer Person immer auf die unten aufgeführten Mund- und Lippenbewegungen:

- Zusammengepresste Lippen werden mit Misstrauen oder Missbilligung assoziiert.

- Wenn Sie jemanden sehen, der sich auf die Lippen beißt, bedeutet dies, dass er sich ängstlich, besorgt oder gestresst fühlt, weil er vor einer Herausforderung steht. Zusammengekniffene Lippen werden mit Misstrauen oder Missbilligung assoziiert.

- Während Menschen ihren Mund beim Gähnen oder Husten bedecken, verdecken manche Menschen ihren Mund, um emotionale Reaktionen zu verbergen, wie z.B. ein Grinsen, nachdem sie etwas Lustiges gehört haben, oder ein Schmunzeln.

- Wenn jemand einen hochgezogenen oder leicht zur Seite verzogenen Mund hat, fühlt er sich während des Gesprächs möglicherweise aufgeregt und optimistisch. Sind Mund und Gesicht dagegen während des Gesprächs leicht gesenkt, ist die Person möglicherweise über ein Problem verärgert, fühlt Trauer oder empfindet das Gespräch als unangenehm.

Verschiedene Gesten benutzen

Gesten sind die einfachste Form der körpersprachlichen Kommunikationen und können Ihnen beim Ausdruck Ihrer Gefühle helfen. Zu den gebräuchlichen Handgesten gehören unter anderem das Winken, das Zeigen mit dem Zeigefinger und die Verwendung von Fingern zur Angabe von Zahlenwerten.

In verschiedenen Kulturen und Regionen werden Handgesten seit Jahrhunderten verwendet und haben eine wichtige Bedeutung. Allerdings wird die Bedeutung ähnlicher Handgesten in anderen Ländern unterschiedlich wahrgenommen. So gilt der erhobene Daumen in den USA als Geste der Zustimmung und Wertschätzung. In Ländern wie Westafrika, Iran und Afghanistan wird der erhobene Daumen dagegen als *Beleidigung* angesehen.

Hier sind einige grundlegende Handbewegungen und deren Bedeutung:

- Eine Person, die ihre Fäuste ballt, zeigt, dass sie wegen etwas wütend ist oder Angst vor ihrer Umgebung hat.
- Während der Daumen nach oben mit Ermutigung und Unterstützung verbunden ist, wird mit dem Daumen nach unten gezeigt, wenn jemand seinen Unmut ausdrücken möchte.
- Das Okay-Zeichen wird in der Regel durch das Zusammenführen von Daumen und Zeigefinger ausgedrückt, während die übrigen drei Finger ausgestreckt bleiben. In einigen südamerikanischen Ländern wird dieses Zeichen jedoch als negative und grobe Geste wahrgenommen.
- In vielen Ländern steht das Victory (Sieges)- oder V-Zeichen für Erfolg oder Frieden, wenn die Handfläche dem Zielpublikum zugewandt ist. Das Umdrehen des V-Zeichens wird dagegen mit abfälligen Bemerkungen und Aggression in Verbindung gebracht.

Die Arm- und Beinbewegungen

Außerdem können die Beine und Arme zur nonverbalen Kommunikation eingesetzt werden. Verschränkte Arme können auf eine Abwehrhaltung hindeuten. Wenn Sie die Beine vor einer anderen Person überschlagen, kann das bedeuten, dass Sie diese Person nicht mögen oder sich in ihrer Gesellschaft unwohl fühlen.

Wenn Sie die Arme eng vor Ihrem Körper verschränkt halten, könnte das eine Taktik sein, um sich klein zu machen oder die Aufmerksamkeit durch Ihre Umgebung zu vermeiden, während die weit ausgebreiteten Arme meist ein Versuch sind, größer oder verantwortungsvoller zu wirken.

Beachten Sie einige der folgenden Emotionen, die Sie durch die Haltung Ihrer Arme und Beine ausdrücken können:

- Verschränkte Arme können ein Zeichen einer Abwehrhaltung, Selbsterhaltung oder Verschlossenheit sein.
- Wenn Sie Ihre Hände auf Ihren Hüften abstützen zeigt das, dass eine Person gut vorbereitet ist und die Kontrolle hat, gleichzeitig kann diese Haltung aber auch als Feindseligkeit interpretiert werden.
- Eine Person, die ihre Hände hinter dem Rücken verschränkt, kann Langeweile, Angst oder sogar Wut empfinden.
- Schnelles Klopfen oder Wackeln mit den Fingern deutet auf Langeweile, Ungeduld oder Frustration hin.
- Gekreuzte Beine können ein Zeichen dafür sein, dass sich jemand von seinem Umfeld isoliert fühlt oder mehr Privatsphäre braucht.

Körperhaltung

Die Körpersprache kann uns wichtige Hinweise darauf geben, was Ihre Körperhaltung bedeutet.

Der Begriff „Haltung" beschreibt dabei die Art und Weise, wie Sie Ihren Körper positionieren und kann die gesamte physische Erscheinung einer Person beeinflussen.

Die Körperhaltung einer Person kann uns viel über ihre Gefühle und Hinweise auf ihre Persönlichkeit verraten. Zum Beispiel können wir durch einen Blick auf die Körperhaltung feststellen, ob sie durchsetzungsfähig, aufnahmefähig oder unterwürfig veranlagt ist.

Eine aufrechte Sitzhaltung kann zum Beispiel zeigen, dass jemand konzentriert ist und dem Geschehen seine volle Aufmerksamkeit schenkt. Umgekehrt kann eine nach vorn gebeugte Sitzhaltung darauf hindeuten, dass eine Person gelangweilt oder uninteressiert ist.

Achten Sie auf einige Hinweise, die Ihnen die Körperhaltung einer Person liefert, wenn Sie versuchen, deren Körpersprache zu verstehen.

Wenn Sie eine offene Haltung einnehmen, sollten Sie Ihren Rumpf nicht verdecken. Eine offene Körperhaltung vermittelt Freundlichkeit, Empfänglichkeit und Kommunikationsbereitschaft.

Die geschlossene Haltung umfasst das Verbergen des Rumpfes, das häufige Nach-vorne-Bücken und eine Haltung mit gekreuzten Armen und Beinen. Diese Haltung signalisiert in der Regel Ängstlichkeit, Feindseligkeit und Unfreundlichkeit.

Haben Sie schon einmal den Satz „Ich brauche meinen Freiraum" gehört? Haben Sie sich schon einmal unwohl gefühlt, wenn Ihnen jemand etwas zu nahegekommen ist?

Der Anthropologe Edward T. Hall verwendete erstmals den Begriff „Proxemik", um zu beschreiben, wie weit Menschen bei einer Interaktion voneinander entfernt sind. Der physische Abstand zwischen Menschen kann Ihnen ebenso viele nonverbale Informationen vermitteln wie Körpersprache und Gesichtsausdruck.

Hall skizzierte vier Ebenen der sozialen Distanz, die in verschiedenen Situationen existieren können.

16 bis 46 cm im Nahbereich

Dieser Grad der körperlichen Nähe deutet häufig auf eine intimere Verbindung oder auf ein höheres Maß an Vertrautheit zwischen zwei Menschen hin. Dies geschieht typischerweise bei engem körperlichem Kontakt, z.B. beim Umarmen, miteinander Sprechen oder gegenseitigem Streicheln.

0.5 bis 1.2 Meter Abstand

Dieser geringe physische Abstand findet sich normalerweise zwischen Verwandten oder engen Freunden. Der Grad der Nähe in einer Beziehung lässt sich daran erkennen, wie nah zwei Personen beim Gespräch nebeneinanderstehen.

1.2 bis 3.5 Meter zeigt soziale Distanz

Dieser Grad der räumlichen Trennung findet sich häufig zwischen Bekannten.

Zum Beispiel fühlen Sie sich gegebenenfalls wohler, wenn Sie mit jemandem interagieren, den Sie einigermaßen gut kennen, z. B. mit einem Kollegen, den Sie häufig sehen.

Ein Abstand von 3 bis 3.4 Metern kann sich angenehmer anfühlen, wenn Sie die andere Person nicht gut kennen, wie zum Beispiel zu einem Postboten, den Sie nur einmal im Monat sehen.

3.5 bis 7.6 Meter in der Öffentlichkeit

Bei öffentlichen Reden wird oft dieser Grad der physischen Trennung verwendet. Dies ist beispielsweise der Fall, wenn Sie vor einer Schulklasse sprechen oder bei der Arbeit eine Präsentation halten.

Verschiedene Kulturen unterscheiden sich darin, wie viel persönlichen Freiraum die Menschen brauchen, um sich wohlzufühlen, daher ist es wichtig, diese Aspekte zu berücksichtigen.

Ein häufig genanntes Beispiel ist der Unterschied zwischen Menschen aus lateinamerikanischen und nordamerikanischen Kulturen. Während Nordamerikaner bei der Interaktion mit anderen einen größeren persönlichen Freiraum benötigen, fühlen sich Menschen aus lateinamerikanischen Ländern in der Regel wohler, wenn sie enger beieinanderstehen.

Die Bedeutung der nonverbalen Kommunikation

Die Körpersprache hat bei sozialen Interaktionen viele verschiedene Funktionen. Sie kann Ihnen die folgenden Dinge erleichtern:

Sie können das Vertrauen einer Person gewinnen, indem Sie Augenkontakt herstellen, zustimmend nicken, während man Ihnen zuhört, oder sogar unabsichtlich die Körpersprache der Person kopieren.

Machen Sie einen Punkt deutlich: Ihre Botschaft wird auf unterschiedliche Art und Weise vermittelt, je nachdem, wie Ihre Stimme klingt, was Ihre Körpersprache ausdrückt, wie viel Platz Sie einnehmen und wie Sie mit dem Publikum interagieren.

Wahrheiten kommen ans Licht: Wir können darauf schließen, dass jemand Informationen verbirgt oder nicht ganz ehrlich über seine Gefühle spricht, wenn seine Körpersprache nicht mit dem übereinstimmt, was er sagt.

Konzentrieren Sie sich auf Ihre Bedürfnisse: Ihre Körpersprache kann viel über Ihren emotionalen Zustand aussagen. Nehmen Sie beispielsweise oft eine geduckte Haltung ein oder sind Ihre Lippen zusammengepresst oder Ihr Kiefer verkrampft? Das könnte darauf hindeuten, dass etwas in Ihrer Umgebung Sie aus der Fassung bringt. Ihr Körper könnte Ihnen mitteilen, dass Sie gestresst sind, sich unsicher fühlen oder eine Reihe anderer Gefühle empfinden.

Wie Sie effektiver kommunizieren können, ganz ohne zu sprechen

Aufmerksamkeit ist der erste Schritt zur Verbesserung Ihrer nonverbalen Kommunikation. Versuchen Sie, neben Ihrer eigenen Körperhaltung auch die anderer Personen zu beobachten.

Sie könnten dazu neigen, auf den Boden zu schauen, wenn Ihnen jemand eine Geschichte erzählt. Nehmen Sie stattdessen Augenkontakt auf und lächeln Sie ein wenig, um zu zeigen, dass Sie offen und engagiert sind.

Um Ihre Körpersprache so effektiv wie möglich zu nutzen, müssen Sie ein gesundes Gleichgewicht finden. Wenn Sie zum Beispiel vor einem Vorstellungsgespräch relativ fest die Hand der Geschäftsleitung ergreifen, kann das Professionalität vermitteln. Wenn Sie die Hand jedoch zu fest ergreifen, könnte dies die andere Person verletzen oder verärgern. Denken Sie immer daran, wie sich Ihre Handlung auf andere auswirkt.

Verbessern Sie weiterhin Ihre emotionale Intelligenz. Es ist oft einfacher zu erkennen, wie andere Sie empfangen, je mehr Sie sich Ihrer Gefühle bewusst sind. Sie werden erkennen, ob jemand offen und ansprechbar ist oder ob er verschlossen ist und etwas mehr Abstand braucht.

Menschen können ihre Körpersprache nutzen, um Ihre Gefühle auf eine bestimmte Weise auszudrücken. So haben Studien gezeigt, dass Menschen mit einem besseren Selbstwertgefühl und mit besserer Laune eine aufrechtere Sitzhaltung einnehmen als Menschen, die unter Stress eine in sich zusammengesackte Haltung einnehmen.

Natürlich wird ein ganzes Bild häufig durch verbale und nonverbale Kommunikation und das Umfeld einer Situation gezeichnet.

Welche nonverbalen Signale angemessen sind, hängt immer von der jeweiligen Situation ab; es gibt keine Universallösung. Aber wenn Sie aufmerksam bleiben und Respekt zeigen, sind Sie auf dem besten Weg zu lernen, wie man die Körpersprache anderer Personen liest.

Tipps für Blickkontakt und Körpersprache

- **Die Aufrechterhaltung des Blickkontakts** kann besonders in formellen oder beruflichen Situationen von entscheidender Bedeutung sein, da er dazu beiträgt, Vertrauen und Aufrichtigkeit zu vermitteln. Halten Sie den Augenkontakt mit Ihrem Gesprächspartner etwa 60 % des Gesprächs lang. Unterbrechen Sie gelegentlich den Augenkontakt, um zu zeigen, dass Sie zuhören und nicht einfach nur Ihren Gesprächspartner anstarren.

- **Verwenden Sie positive Gesichtsausdrücke**, um Interesse und Engagement für das Gespräch zu zeigen. Dazu gehören Lächeln, Nicken und andere freundliche Gesichtsausdrücke.

- **Behalten Sie eine offene Körperhaltung bei:** Vermeiden Sie es, die Hände zu Fäusten zu ballen oder die Beine übereinander zu schlagen, da dies auf eine verschlossene oder defensive Haltung hinweisen kann. Lassen Sie Ihre Arme nicht verschränkt. Bemühen Sie sich stattdessen um eine freundliche und offene Körperhaltung.

- **Achten Sie auf Ihre Körperhaltung.** Sitzen oder stehen Sie aufrecht, um Sicherheit und Konzentration auszustrahlen. Sie können zeigen, dass Sie sich an dem Gespräch beteiligen, indem Sie Ihren Körper leicht in die Richtung des Gesprächspartners neigen.

- **Spiegeln Sie die Körpersprache Ihres Gesprächspartners wieder:** Wie bereits erwähnt, kann die Nachahmung des Augenkontakts und der Körpersprache Ihres Gesprächspartners dazu beitragen, dass Sie eine Verbindung zu Ihrem Gegenüber aufbauen. Achten Sie jedoch darauf, dass Sie es nicht übertreiben und es nur subtil tun.

- **Üben Sie vor einem Spiegel:** Das Üben vor dem Spiegel bietet Ihnen eine schnelle Methode, um Ihren Blickkontakt und Ihre Körpersprache zu verbessern. Es hilft Ihnen dabei zu verstehen, wie andere Menschen Ihre nonverbalen Hinweise wahrnehmen, und Sie können schlechte Angewohnheiten oder Verhaltensweisen erkennen, auf deren Änderung Sie sich vielleicht konzentrieren sollten.

- **Bitten Sie um Feedback:** Feedback von anderen ist eine weitere Methode, um Ihren Blickkontakt und Ihre Körpersprache zu verbessern. Das Feedback hilft Ihnen dabei zu verstehen, wie andere Menschen Ihre nonverbalen Botschaften interpretieren, und zeigt Ihnen, woran Sie arbeiten müssen.

- **Achten Sie auf die kulturellen Unterschiede:** Wie bereits erwähnt, kann das, was in einer Kultur als angemessen oder erfolgreich angesehen wird, in einer anderen ganz anders interpretiert werden. Es ist wichtig, dass Sie sich dieser Unterschiede bewusst sind, und dass Sie Ihren Kommunikationsstil entsprechend anpassen.

- **Achten Sie auf den Kontext:** Sowohl Körpersprache als auch Augenkontakt können je nach Situation verschiedene Bedeutungen und Botschaften vermitteln. Wie Sie Blickkontakt und Körpersprache am besten einsetzen, hängt von den Umständen und von Ihrem Gesprächspartner ab.

- **Bleiben Sie natürlich:** Achten Sie auf Ihre Körpersprache und den Augenkontakt, aber vermeiden Sie es, zu viel darüber nachzudenken oder steif oder gezwungen zu wirken. Versuchen Sie nicht, Ihr Gegenüber zu kontrollieren, sondern kommunizieren Sie mit ihm durch Augenkontakt und Körpersprache natürlich und selbstbewusst.

- **Ein intensiver Augenkontakt** hilft Ihnen dabei, eine stärkere Verbindung zu Ihrem Gegenüber aufzubauen und dessen Vertrauen zu gewinnen. Dies ist besonders wichtig, wenn Sie erfolgreiche Beziehungen aufbauen wollen, die auf Glaubwürdigkeit und auf gegenseitigem Vertrauen beruhen.

- **Verwenden Sie die Körpersprache, um Ihre Gefühle auszudrücken:** Zusätzlich zur verbalen Kommunikation wird die Körpersprache verwendet, um viele Emotionen auszudrücken, wie z.B. Freude, Wut oder Trauer. Ihre

Kommunikation wird dadurch reicher und tiefer, was ihre Wirkung erhöht.

- **Üben Sie aktives Zuhören:** Diese nonverbalen Hinweise sind entscheidend, um zu zeigen, dass Sie dem Gesprächspartner aufmerksam zuhören und Augenkontakt und Körpersprache nutzen, um Ihre Bedeutung auszudrücken. Nehmen wir an, Sie möchten anderen vermitteln, dass Sie zuhören und sich an dem Gespräch beteiligen. In diesem Fall können Sie mit dem Kopf nicken, einen ermutigenden Gesichtsausdruck machen und lange Augenkontakt halten.

- **Direkter Augenkontakt** mit anderen bietet Ihnen eine ausgezeichnete Methode, um eine tiefere Verbindung zu ihm herzustellen und Empathie zu zeigen. Wenn Sie versuchen, jemanden zu trösten, der gerade verzweifelt oder verletzlich ist, ist dies von entscheidender Bedeutung.

- **Nutzen Sie Ihre Körpersprache, um Autorität auszustrahlen:** Wenn Sie eine Präsentation halten oder ein Meeting leiten, ist es wichtig, dass Sie durch Ihre Körpersprache Selbstvertrauen und Autorität ausstrahlen. Dazu gehört eine aufrechte Haltung im Stehen oder Sitzen, intensiver Augenkontakt und die Betonung von Gesprächspunkten durch Gesten.

- **Achten Sie auf Ihre Umgebung:** Der Kontext, in dem Augenkontakt und Körpersprache eingesetzt werden, kann deren Bedeutung und Relevanz beeinflussen. So kann es beispielsweise schwieriger sein, in einer geschäftigen oder lauten Umgebung einen intensiven Blickkontakt zu Ihrem Gegenüber herzustellen oder die eigene Körpersprache einzusetzen, um eine Botschaft zu vermitteln. Unter diesen Umständen kann es unerlässlich sein, über alternative Kanäle zu kommunizieren, z. B. durch verbale Hinweise.

- **Bauen Sie Dominanz auf, indem Sie selbstbewusst den Augenkontakt halten:** Unter bestimmten Umständen kann die Aufrechterhaltung eines starken Augenkontakts eine Möglichkeit sein, um Ihre Autorität zu demonstrieren oder um Dominanz zu zeigen. Es ist jedoch wichtig, dass Sie den Augenkontakt in angemessener Weise nutzen und sich der Möglichkeit bewusst sind, dass dies als aggressiv oder konfrontativ empfunden werden könnte.

- **Verwenden Sie positive Körpersprache, um Ihr Interesse zu zeigen:** Indem Sie sich leicht vorbeugen, nicken und einen positiven Gesichtsausdruck zeigen, vermitteln Sie, dass Sie an dem, was Ihr Gegenüber sagt, interessiert sind und sich an dem Gespräch beteiligen. So bauen Sie eine stärkere Beziehung zu Ihrem Gesprächspartner auf.

Die Informationen in diesem Kapitel werden Ihnen dabei helfen, eine positive Körpersprache und einen positiven Blickkontakt aufrechtzuerhalten, wodurch die nonverbale Kommunikation viel einfacher und verständlicher wird.

Kapitel 9: 5 Geheimnisse zum Beherrschen alltäglicher sozialer Fähigkeiten

Wenn Sie dieses Buch bis hierhin durchgearbeitet haben, sind Sie schon weit gekommen. Sie haben durch Ihre harte Arbeit bereits den ersten Schritt getan, um ein selbstbewussterer und sozialgewandterer Mensch zu werden. Sie wissen mittlerweile, wie wichtig diese Fähigkeiten sind und wie sie Ihnen in allen Bereichen des Lebens helfen können. Jetzt ist es an der Zeit, dieses Wissen in die Praxis umzusetzen.

Im Gegensatz zu Fächern wie Mathematik oder Naturwissenschaften müssen soziale Fähigkeiten durch Erfahrung erlernt werden. Wenn Sie bereits in jungen Jahren gelernt haben, mit Konflikten umzugehen, Freundschaften zu schließen und sich in Gruppen mit anderen Menschen zurechtzufinden, gelang Ihnen dies durch wiederholtes Ausprobieren. Kinder probieren verschiedene Strategien aus, um sich diese Fähigkeiten anzueignen, die nicht unbedingt bei jedem gleich gut funktionieren. Der Versuch zu lernen, sich in der sozialen Welt zurechtzufinden, kann eine schwierige Erfahrung sein. Es braucht Zeit, Geduld und ein unterstützendes soziales Umfeld.

Soziale Fähigkeiten werden durch Erfahrungen in verschiedenen Situationen erlernt.

https://www.pexels.com/photo/group-of-people-drinking-beer-and-having-fun-3009773/

Was sind soziale Fähigkeiten?

Soziale Kompetenz beschreibt die Fähigkeit, positiv und produktiv mit anderen zu interagieren. Dazu gehören die Fähigkeit zuzuhören, Dinge zu beobachten, Fragen zu stellen sowie das Ausdrücken von Gefühlen und Meinungen. Die Menschen konzentrieren sich meist auf alltägliche Interaktionen, wenn sie über soziale Fähigkeiten nachdenken. So können Sie zum Beispiel einen Freund im Flur grüßen, auf einer Party ein Gespräch mit jemandem beginnen oder jemandem sagen, was Sie von einem bestimmten Thema halten. Die Kunst der sozialen Kompetenz ist jedoch noch viel weiter gefasst. Sie ist entscheidend für den Erfolg in der Schule, im Beruf und im Privatleben. Zu den sozialen Fähigkeiten gehört mehr als nur die Fähigkeit, mit anderen zu interagieren. Sie umfassen auch Ihre Fähigkeit, mit Ihren eigenen Emotionen umzugehen, Probleme zu lösen und kreativ zu denken.

Das Selbstvertrauen oder die nötige Motivation, soziale Fähigkeiten zu entwickeln, können Ihnen schwerfallen, wenn Sie mit Ihren Ängsten kämpfen. Sie können Ihre Fähigkeit, sich in alltäglichen Situationen zurechtzufinden, durch kleine Schritte erheblich verbessern. Die folgenden Tipps werden Ihnen dabei helfen, den richtigen Weg einzuschlagen.

1. Fangen Sie klein an

Fangen Sie klein an, wenn Sie der Gedanke an die Entwicklung bestimmter sozialer Fähigkeiten zunächst überwältigt. Beginnen Sie damit, einen bestimmten Bereich in Ihrem Leben zu identifizieren, den Sie verbessern möchten. Wenn Sie sich mit jemandem unterhalten wollen, suchen Sie sich eine freundlich aussehende Person, die nicht gerade telefoniert oder Kopfhörer trägt (mit anderen Worten, suchen Sie sich jemanden, der Ihnen ähnlich ist). Finden Sie etwas, das Sie mit dieser Person gemeinsam haben; vielleicht liest sie etwa das gleiche Buch wie Sie.

Üben Sie, indem Sie mit einem Kassierer in Ihrem örtlichen Lebensmittelgeschäft sprechen. Sie könnten dem Kassierer auch ein Kompliment machen oder „Danke" sagen, wenn Ihnen jemand die Tür aufhält. Machen Sie sich keine Sorgen, Sie müssen nicht perfekt sein. Konzentrieren Sie sich darauf, Ihr Bestes zu geben. Wenn Sie in einem bestimmten Bereich Schwierigkeiten haben, ändern Sie Ihre Herangehensweise und experimentieren Sie mit verschiedenen Strategien, bis Sie etwas finden, das für Sie gut funktioniert.

Wenn Sie es schwierig finden, ein Gespräch mit Fremden zu beginnen, können Sie erstmal mit einem Freund oder Familienmitglied üben. Versuchen Sie es mit Rollenspielen und spielen Sie verschiedene Szenarien durch, die bei einem Gespräch mit einer Fremden auftreten könnten - zum Beispiel, wenn Sie einen attraktiven Fremden treffen oder sich mit jemandem auf einer Party unterhalten.

2. Verfolgen Sie Ihren Fortschritt

Wenn Sie daran arbeiten, Ihre sozialen Fähigkeiten zu entwickeln, sollten Sie Ihre Fortschritte dokumentieren. Führen Sie ein Tagebuch oder ein Journal und notieren Sie sich, wo Sie die neue Fähigkeit eingesetzt haben und wie es für Sie gelaufen ist. Wenn Sie Ihre Fortschritte derartig bemessen, bleiben Sie motiviert, und wenn Sie sehen, wie sehr Sie sich im Laufe der Zeit verbessert haben, können Sie sich an künftigen Maßnahmen orientieren. Beachten Sie die folgenden Schritte, um Ihre Fortschritte effektiv zu messen:

Identifizieren Sie Ihre Ziele

Beim Small Talk kann Ihr Ziel ganz einfach sein, vielleicht wollen Sie zum Beispiel lediglich versuchen, Ihrem Gegenüber ein Kompliment zu machen - vielleicht ist Ihr Ziel fortgeschrittener und Sie wollen ein ganzes Gespräch ausprobieren. Je detaillierter Sie sich Ihre Ziele setzen, desto einfacher ist es, den eigenen Fortschritt zu messen. Wenn das Ziel beispielsweise darin besteht, ein Gespräch 15 Minuten lang zu führen, ist es einfacher, den Fortschritt zu messen, als wenn das Ziel darin besteht, Small Talk zu machen. Sobald Sie Ihre Ziele festgelegt haben, schreiben Sie sie sich auf. Auf diese Weise können Sie feststellen, ob sich Ihre Bemühungen auszahlen und in welchen Bereichen Sie noch mehr an sich arbeiten müssen.

Setzen Sie sich eine Deadline

Als introvertierter Mensch ist es leicht, soziale Aufgaben aufzuschieben, indem man sagt: „Das mache ich später." Wenn Sie sich jedoch dazu gedrängt fühlen, eine Aufgabe bis zu einem bestimmten Datum zu erledigen, wird sie in Ihrem Kopf immer konkreter und weniger einschüchternd. Wenn Sie zum Beispiel mit einem Bekannten bei der Arbeit Small Talk machen wollen, dies aber noch nicht getan haben, setzen Sie sich eine Frist, dies bis heute in einer Woche zu erledigen.

Sich Meilensteine setzen

Meilensteine sind Zwischenziele, die Ihnen dabei helfen, von Punkt A zu Punkt B zu gelangen. Wenn Sie zum Beispiel mehr Leute treffen möchten, setzen Sie sich den Meilenstein, jede Woche ein Gespräch mit jemandem zu führen. Wenn Sie sich ein Netzwerk aufbauen möchten, aber nicht wissen, wo Sie anfangen sollen:

1. Setzen Sie sich einen Meilenstein zur Kontaktaufnahme mit Ihrem Ehemaligenverein.

2. Sobald Sie sich einen Meilenstein gesetzt haben, notieren Sie ihn sich in Ihrem Kalender.

3. Behalten Sie im Auge, wie Sie Ihr Ziel erreichen wollen, damit Sie es bei Bedarf anpassen können. Wenn Sie sich z.B. mit mehr Leuten treffen wollen, aber nur einmal pro Woche etwas unternehmen, setzen Sie sich für die nächste Woche zwei Ziele (statt nur eines).

Dokumentieren Sie sich Ihren Fortschritt

Die beste Möglichkeit, um sich selbst zur Rechenschaft zu ziehen, besteht darin, den Überblick über Ihre Leistungen zu behalten. Dazu könnten Sie sich einfach Ihre Meilensteine auf einem Blatt Papier aufschreiben und sie an einem Ort anbringen, an dem Sie sie häufig sehen. Alternativ können Sie auch eine Tabelle mit all Ihren

Networking-Meilensteinen führen, so dass Sie leicht sehen können, wie weit Sie mit der Erfüllung dieser Meilensteine vorangekommen sind. Wenn Sie einen Partner oder ein Team haben, das für Sie verantwortlich ist, können Sie ihm die Fortschritte mitteilen, damit er weiß, was in Ihrem Leben passiert.

Legen Sie ein Belohnungssystem für das Ende jeder Woche fest, wenn Sie alle Ihre Meilensteine erreicht haben. Es muss nichts Extravagantes sein, nur etwas, das Ihnen ein gutes Gefühl gibt.

Denken Sie daran: Es geht nicht darum, wie schnell Sie Ihre Meilensteine erreichen können, sondern darum, dass Sie sie langfristig durchhalten.

3. Gute Manieren üben

Gute Manieren sind ein wichtiger Bestandteil des Small Talks. Die Art und Weise, wie Sie sich anderen gegenüber präsentieren, Ihr Tonfall und die Art und Weise, wie Sie mit Ihren Gesprächspartnern interagieren, können über den Erfolg oder Misserfolg eines Gesprächs entscheiden. Das regelmäßige Üben ist der beste Weg, um sich gute Manieren anzugewöhnen. Beobachten Sie die Menschen in Ihrer Umgebung und beobachten Sie, wie sie miteinander umgehen. Wenn jemand in Ihrer Nähe spricht, achten Sie darauf, was er sagt und wie er es sagt. Achten Sie auf den Tonfall, die Körpersprache, die Mimik und die Gestik - alles, was zum Gesamtbild der Person beiträgt.

Eine ausgezeichnete Möglichkeit zum Üben besteht darin, sich einen Film oder eine Fernsehsendung anzusehen. Wenn sich die Figuren miteinander unterhalten, können Sie beobachten, was jede Figur einzigartig macht, und diese Informationen nutzen, wenn Sie mit einem Fremden sprechen. Wenn Sie bei der Arbeit oder in der Schule sind, achten Sie darauf, wie Ihre Lehrer und Professoren mit den Studenten umgehen. Wenn Sie sich mit jemandem unterhalten, versuchen Sie herauszufinden, was die Person einzigartig macht. Ist sie lustig? Ernsthaft? Entspannt? Geschäftstüchtig? Achten Sie auf Dinge, die die Menschen besonders machen, und nutzen Sie diese Eigenschaften, wenn Sie mit jemandem sprechen, der neu ist. Sie werden feststellen, dass es umso einfacher ist, mit Menschen zu sprechen, je mehr Sie aufpassen.

4. Verhalten Sie sich wie ein sozialer Mensch

Vielleicht haben Sie schon einmal das Sprichwort gehört: „Fake it until you make it". Das bedeutet, wenn Sie sich wie ein selbstbewusster, erfolgreicher Mensch verhalten, werden Sie irgendwann von Ihrem Verhalten eingeholt. Das gleiche Konzept gilt für das soziale Verhalten. Wenn Sie Ihre Fähigkeit verbessern möchten, Small Talk zu führen und Kontakte zu knüpfen, sollten Sie dies täglich üben. Hier sind ein paar Tipps, die Ihnen dabei helfen sollen, besser mit anderen in Kontakt zu treten. Probieren Sie sie aus und finden Sie heraus, welche Methode für Sie am besten funktionieren. Wenn keine davon funktionieren, entwickeln Sie Ihre eigene Art der Kontaktaufnahme.

Tun Sie es aus den richtigen Gründen

Es gibt viele Gründe, warum Menschen soziale Kompetenzen trainieren - um selbstbewusster im Umgang mit anderen zu werden oder um ihre Kommunikationsfähigkeiten zu verbessern, um einen Traumjob oder eine Beziehung zu bekommen. Wenn Sie jedoch besser im Small Talk werden und Kontakte knüpfen wollen, muss Ihre Motivation aus Eigeninteresse kommen und nicht aus dem Bedürfnis nach Anerkennung oder Bestätigung. Wenn Ihr Ziel beispielsweise darin besteht, selbstbewusster zu werden, wenn Sie auf Partys mit Fremden sprechen, dann konzentrieren Sie sich darauf, wie Sie davon profitieren können (z.B. neue Freunde finden, Spaß haben). Wenn Sie dazu motiviert sind, ein großartiger Gesprächspartner zu sein und von anderen für diese Fähigkeit gelobt zu werden, wird Ihr innerer Druck die Sorge bei Ihnen hervorrufen, ob Sie im Gespräch mit neuen Menschen als talentiert angesehen werden.

Anderen Komplimente machen

Wenn Sie eine starke Beziehung zu jemandem aufbauen möchten, ist ein Kompliment eine der besten Möglichkeiten, um dies zu erreichen. Damit ist keinesfalls gemeint, dass Sie jemandem sagen, dass er gut aussieht oder dass er etwas gut gemacht hat. Es bedeutet lediglich, dass Sie bestimmte Dinge an seiner Persönlichkeit und an seinem Verhalten bewundern (z.B. seinen Sinn für Humor, seine Intelligenz usw.).

Wenn Sie einem Kollegen ein Kompliment für seine Präsentation zu machen oder das Design seines Hemdes kommentieren, kann dies das Eis brechen. Aber der Kommentar muss von Herzen kommen, nicht nur aus Ihrem Mund. Hier sind einige Tipps dazu, wie Sie jemandem ein aufrichtiges Kompliment machen können:

Achten Sie auf das, was Sie wirklich an der Person mögen, damit sie sich wirklich geschätzt und gewürdigt fühlt.

- Seien Sie mit Ihrem Verhalten nicht zu offensichtlich. Achten Sie stattdessen auf die kleinen Dinge, die Sie einzigartig machen, wie z.B. Ihr Lieblingsessen oder -hobby, und nutzen Sie diese, um der Person zu vermitteln, was das Besondere an ihr ist und es zu einem unvergesslichen Erlebnis für Sie beide zu machen.

- Verlassen Sie sich nicht auf die gleichen alten Komplimente oder Antworten. Achten Sie stattdessen auf persönliche Eigenheiten und loben Sie diese.

Beteiligen Sie sich aktiv

Es kann verlockend sein, sich zurückzulehnen und zuzusehen, wie sich die Party entfaltet, wenn Sie soziale Situationen meiden. Es ist jedoch viel hilfreicher, sich aktiv einzubringen. Überlegen Sie sich ein soziales Hobby, wie z.B. ehrenamtliche Arbeit bei örtlichen Wohltätigkeitsorganisationen oder das Erlernen einer neuen Sprache, damit Sie regelmäßig Small Talk führen können. Wenn es Ihnen schwerfällt, ein Gespräch mit anderen zu beginnen, denken Sie daran, dass es mindestens ein Thema gibt, das alle Teilnehmer verbindet: ihr gemeinsames Interesse an der gemeinsamen Aktivität.

Veranstalten Sie einen Brunch

Ein Brunch bietet Ihnen eine hervorragende Gelegenheit, um mit Freunden, Familienmitgliedern und Kollegen ins Gespräch zu kommen. Es bietet Ihnen auch eine perfekte Gelegenheit für diejenigen, die bei Partys und Small Talk zu Schüchternheit oder Unbeholfenheit neigen. Die ungezwungene Atmosphäre eines Brunch-Treffens trägt dazu bei, dass Sie sich entspannen und wohlfühlen. Sie können Spiele oder Aktivitäten planen, um die Leute zum Reden und Lachen zu bringen. Hier sind einige Ideen für Brunch-Aktivitäten:

Spielideen

- Wortspiele

- Trivia-Spiele (mit Fragen zum Thema Essen, Kochen oder Unterhaltung)

- Schnitzeljagd

Melden Sie sich für einen Kurs an

Sie müssen sich verschiedenen sozialen Umgebungen aussetzen, um mit neuen Menschen in Kontakt zu kommen. Die Teilnahme an Kursen, die Sie interessieren, wie z.B. Kochen oder Malen, kann Ihnen dabei helfen, Ihren sozialen Kreis zu erweitern und so neue Fähigkeiten zu entwickeln. Beginnen Sie ein Gespräch mit jemandem, der ebenfalls den Kurs besucht; Gespräche sind einfacher, wenn man gemeinsame Interessen hat. Wenn Sie niemanden kennen, der denselben Kurs machen möchte, sollten Sie sich einer Gruppe oder einem Club anschließen, der ähnliche Kurse anbietet.

Verabreden Sie sich mit anderen Menschen

Wenn Sie sich in Einzelgesprächen wohler fühlen als in großen Gruppen, organisieren Sie sich eine Art Date. Gehen Sie auf ein Date mit nur einer Person, anstatt mit Ihrer ganzen Mannschaft auszugehen. Das bietet Ihnen eine hervorragende Gelegenheit, mit einer neuen Person Small Talk zu betreiben, und noch besser ist es, wenn Sie etwas mit der Person gemeinsam haben. Wenn Sie mutig sind, können Sie Menschen über die sozialen Medien oder persönlich um ein Date bitten. Wenn Sie Angst vor Ablehnung haben, brauchen Sie das nicht. Viele Menschen fühlen sich geschmeichelt, wenn jemand sie um ein Date bittet.

Informieren Sie sich über aktuelle Ereignisse

Sie müssen kein Nachrichtenjunkie sein, um sich über aktuelle Ereignisse auf dem Laufenden zu halten. Die meisten Menschen sprechen gerne über politische Themen oder Ereignisse in der Popkultur, so dass dies Ihnen eine gute Möglichkeit bietet, um ein Gesprach zu beginnen. Stellen Sie einfach eine Frage, wenn Sie sich nicht sicher sind, wie Sie ein Thema ansprechen sollen. Fragen Sie zum Beispiel: „Was halten Sie von Trumps Firma Truth Social?" oder „Haben Sie gestern Abend die Oscar-Verleihung im Fernsehen gesehen?"

Wenn Sie etwas abenteuerlustiger sind, teilen Sie anderen Ihre Meinung zu einem aktuellen Ereignis mit. Sagen Sie so etwas wie: „Ich finde Trumps Verhalten lächerlich". Sie werden vielleicht nicht einer Meinung mit Ihrem Gesprächspartner sein, aber zumindest haben Sie so etwas, worüber Sie reden können.

5. Üben, Üben, Üben

Sie müssen Zeit und Energie aufwenden und Ihre Fähigkeiten verbessern, um ein Meister des Small Talks zu werden. Bei diesem Vorhaben geht es nicht nur darum, ein paar Worte zu sagen und wieder zu gehen. Um Ihre Konversationsfähigkeiten zu perfektionieren, sollten Sie mit jedem sprechen. Jede Person hat etwas Interessantes zu sagen, von der Kassiererin im Supermarkt bis hin zu Ihrem Chef oder Ihren Kollegen. Hier sind alle Orte, an denen Sie das Gespräch beginnen können:

Übungen im Spiegel

Stellen Sie sich vor den Spiegel und üben Sie, das, was Sie sagen wollen, laut auszusprechen (schauen Sie sich nicht direkt an). Diese Übung hilft Ihnen dabei, sich bewusst zu werden, was in Ihren Sprachmustern und in Ihrem Tonfall natürlich oder ungeschickt klingt, was Ihnen dabei helfen wird, selbstbewusster aufzutreten.

Soziale Medien

Wenn Sie Angst davor haben, ein Gespräch mit Fremden zu beginnen, machen Sie online Small Talk, bevor Sie jemanden im wirklichen Leben ansprechen. So gewöhnen Sie sich an den Gedanken, mit anderen Menschen zu sprechen, und lernen, wie Sie jemanden ansprechen, der Sie nicht kennt. Wenn sich das seltsam oder zu sehr nach Online-Dating anhört, machen Sie sich keine Sorgen. Sie können über alles Mögliche reden, vom Wetter bis hin zu einem interessanten Artikel, den Sie im Internet gelesen haben.

Das reduziert den Druck und hilft Ihnen dabei, die Konversation in einer Umgebung zu üben, in der nicht viel auf dem Spiel steht. Sie haben außerdem Zeit, sich Ihre Antworten gründlich zu überlegen und fühlen sich nicht gezwungen, sich auf der Stelle etwas Witziges einfallen zu lassen. Denken Sie daran, dass Online-Gespräche den persönlichen Small Talk nicht ersetzen können. Mit dieser Übung können Sie üben, mit anderen Menschen zu sprechen und sich mit dem Gedanken vertraut zu machen.

Freunde und Familienmitglieder

Ihre Freunde und Familienmitglieder sind die perfekten Menschen Partner, um mit dem Üben zu beginnen. Sie kennen Sie gut und können Ihnen dabei helfen, unangenehme Momente zu überbrücken und konstruktives Feedback zu geben. Es ist auch einfacher, mit ihnen über aktuelle Ereignisse zu sprechen, wenn Sie ein gemeinsames Interesse haben - zum Beispiel, wenn eine Freundin ihre Hochzeit plant oder Ihre Mutter sich einer Chemotherapie unterzieht.

Es ist schwieriger, Gemeinsamkeiten mit Menschen zu finden, die Sie erst seit ein paar Minuten kennen. Hier fällt es Ihnen möglicherweise schwerer, über persönliche Themen zu sprechen. Üben Sie also, indem Sie so tun, als wären Sie kein Fremder oder Arbeitskollege. Dadurch werden Sie gezwungen, über das, was Sie sagen, nachzudenken, anstatt das Gespräch unnötig in die Länge zu ziehen.

Arbeitskollegen

Ihre Kollegen sind Menschen, mit denen Sie regelmäßig zu tun haben, also sind sie gute potenzielle Gesprächspartner. Wenn Sie Kollegen haben, die nicht Ihre Freunde sind, kann es schwieriger sein, mit ihnen zu üben. Solche Kollegen sind meist mit ein Grund dafür, dass Sie überhaupt nervös sind, wenn es um Small Talk geht. Sie wissen nicht, ob Ihre Kollegen Sie mögen oder verurteilen werden, weil Sie etwas Falsches gesagt haben. Wenn Sie also mit Ihren Kollegen üben, sollten Sie sich nicht darauf konzentrieren, was diese von Ihnen denken. Konzentrieren Sie sich stattdessen darauf, ganz Sie selbst zu sein und das Gespräch für Sie beide einfacher zu gestalten. Wenn einer Ihrer Kollegen Sie zum Beispiel fragt, wie Ihr Wochenende war, versuchen Sie nicht bloß, „schön" oder „gut" zu antworten. Denken Sie an etwas Bestimmtes, das passiert ist, damit Sie über etwas Interessanteres sprechen können, als nur zu sagen, dass es gut war.

Wenn Sie Schwierigkeiten haben, ein Gesprächsthema zu finden, fragen Sie Ihre Kollegen nach deren neuesten Arbeitsprojekten oder über den Büroklatsch. So haben Sie etwas, worüber Sie sprechen können, und zeigen Interesse an dem, was um Sie herum geschieht. Sie können Ihre Kollegen auch nach ihren Hobbys fragen oder danach, wie lange sie schon für Ihren Arbeitgeber arbeiten.

Einzelhandelsangestellte

In Ihrem täglichen Leben begegnen Sie vielen Mitarbeitern im Einzelhandel. Vielleicht gehen Sie oft mit einem Freund oder mit Ihrer Familie einkaufen und müssen an der Kasse warten, oder Sie sind im Geschäft und suchen etwas Bestimmtes. In jedem Fall haben Sie die Gelegenheit, mit dem Kassierer Small Talk zu machen.

Sie können den Kassierer nach dem Wetter, den neuesten Nachrichten oder sogar nach seinem Tag fragen. Wenn andere mit Ihnen in der Schlange stehen, beginnen Sie ein Gespräch mit den anderen Personen. Eine einfache Begrüßung wie „Hallo, wie geht es Ihnen?" reicht dabei aus, um ein Gespräch in Gang zu bringen. Sie können die Person auch fragen, wie ihnen die Arbeit in dem Geschäft gefällt oder welche Erfahrungen sie dort gemacht haben.

Wenn Sie das Gefühl haben, dass Small Talk an der Kasse nicht Ihre Stärke ist, gibt es andere Dinge, die Sie tun können, um sich das

Erlebnis angenehmer zu gestalten. Eine Möglichkeit ist es, zu lächeln und jeden in der Schlange zu grüßen. Das mag wie eine kleine Geste erscheinen, aber es zeigt, dass Sie freundlich und zugänglich sind. Sie können sich auch im Geschäft umsehen und mit den Angestellten oder anderen Kunden ein nettes Gespräch führen. Beginnen Sie das Gespräch, indem Sie nach deren Meinung zu einem Produkt oder nach Kaufempfehlungen fragen.

Fremde

Sie treffen fast jeden Tag auf Fremde: auf der Straße, in einem Geschäft oder in der Warteschlange bei der Bank. Vielleicht fühlen Sie sich in solchen Situationen unwohl oder unbeholfen, weil Sie sich nicht kennen, aber Sie können diese Momente trotzdem angenehm gestalten. Um einen guten ersten Eindruck zu hinterlassen, lächeln Sie und grüßen Sie die Person. Wenn die Person positiv reagiert, fragen Sie sie, wie ihr Tag war.

Wenn die Person, die an Ihnen vorbeigeht, verloren oder verwirrt aussieht, lächeln Sie und sagen Sie: „Brauchen Sie Hilfe?" oder „Brauchen Sie eine Wegbeschreibung?" Das Angebot, der Person zu helfen, bricht das Eis zwischen Fremden und führt schnell zu einem angenehmen Gespräch. Wenn Sie in der Schlange vor der Bank stehen, fragen Sie, wie lange die Person schon wartet oder was sie von den neuen Sicherheitsvorkehrungen hält, die kürzlich eingeführt wurden. So können Sie sich die Zeit vertreiben und beide Seiten fühlen sich wohler miteinander. Wenn Sie einen Haarschnitt brauchen, aber nicht wissen, wo Sie hingehen sollen, fragen Sie eine andere Person in der Schlange, ob sie einen Laden in der Nähe empfehlen kann. Wenn ein Fremder ein interessantes Schmuckstück oder Kleidungsstück trägt und Sie wissen möchten, woher er es hat, fragen Sie ihn.

Zu lernen, wie man sich unterhält und Small Talk macht, ist ein komplexer Prozess. Es ist eine Fähigkeit, die Zeit braucht, um sich zu entwickeln und perfekt zu beherrschen. Es gibt zwar viele Tipps und Tricks, die Ihnen dabei helfen können, Small Talk zu führen, aber der beste Weg, um sich zu verbessern, besteht darin, einfach zu üben. Sie müssen sich selbst auf die Probe stellen und Ihren Ängsten ins Auge sehen. Je mehr Sie üben, desto leichter wird Ihnen der Small Talk fallen. Sie werden lernen schnell, ein Gleichgewicht zwischen dem Reden über sich selbst und dem Zuhören zu finden und merken, wie Sie ein Gespräch in Gang halten können, damit die Leute weiterhin mit

Ihnen reden wollen. Wenn Sie die Kunst des Small Talks erst einmal beherrschen, wird es viel einfacher, Kontakte zu anderen Menschen zu knüpfen. Es eröffnet Ihnen mehr Möglichkeiten in Ihrem privaten und sowie in Ihrem beruflichen Leben. Sie finden dadurch leichter Freunde, knüpfen bei Veranstaltungen Kontakte und bekommen sogar bessere Jobs bei Unternehmen, die jemanden suchen, der sich leicht mit anderen unterhalten kann. Wenn Sie das nächste Mal ausgehen, machen Sie Small Talk mit den Menschen um Sie herum. Es spielt dabei keine Rolle, ob es sich um eine geschäftliche Veranstaltung oder einen Besuch in einer Bar mit Freunden handelt, fangen Sie einfach an zu reden.

Bonus: Checkliste für Small Talk

Herzlichen Glückwunsch, dass Sie alle neun Kapitel dieses Buches gelesen und Ihr Wissen über Small Talk ausführlich erweitert haben. Möchten Sie noch weitere Tipps erhalten oder das Gelernte weiter vertiefen (wenn Sie es nicht schon getan haben)?

Mit Ihrer Entschlossenheit haben Sie sich ein Bonuskapitel verdient. Alle wichtigen Punkte, die Sie in den neun Kapiteln gelesen haben, werden in diesem Bonuskapitel als Erinnerungshilfen präsentiert. Diese sind sehr nützlich, besonders wenn Sie nichts aus diesem Buch vergessen wollen. Sie erhalten eine Checkliste in Form eines Übungswortschatzes, mit der Sie Ihre Fortschritte beim Meistern von Small Talk verfolgen können.

In der heutigen Welt sind soziale Fähigkeiten unerlässlich. Sie ermöglichen es Ihnen, Beziehungen zu anderen Menschen zu knüpfen, erfolgreich zu kommunizieren und mit anderen in Kontakt zu treten. Es ist wichtig, mit einem größeren Gefühl der Erfüllung durchs Leben zu gehen und Freundschaften zu schließen. Die Fähigkeit, souveränen Small Talk zu führen, wird Ihnen in Ihrem Leben von großem Nutzen sein.

Ich kenne die wichtigste soziale Fähigkeit

Laut dem Cambridge Wörterbuch ist Small Talk ein *„Gespräch über unwichtige Dinge, oft zwischen Menschen, die sich nicht gut kennen"*.

Small Talk beschreibt eine ungezwungene und informelle Unterhaltung, die kaum mehr als leeres Geschwätz ist. Er bietet Menschen die Möglichkeit, Höflichkeiten miteinander auszutauschen und sich in einem sozialen Umfeld besser kennenzulernen. Er wird oft verwendet, um eine Beziehung zu anderen aufzubauen und so eine freundliche Atmosphäre zu schaffen. Beim Small Talk kann es um verschiedene Themen gehen, wie zum Beispiel das Wetter, aktuelle Ereignisse, Hobbys und andere allgemeine Interessen. Der Small Talk soll nicht tiefgründig oder bedeutungsvoll sein, sondern ist vielmehr eine Möglichkeit, um Kontakte zu knüpfen und soziale Interaktionen zu pflegen.

Jeder Mensch auf diesem Planeten unterhält sich ständig mit irgendjemandem. Sie können überall ein Gespräch mit einem völlig Fremden beginnen, z.B. in Flugzeugen, auf Kongressen, auf Partys, in Klassenzimmern, in Büros und bei anderen Zusammenkünften. Der Small Talk kann Sie zu einigen der interessantesten Gespräche Ihres Lebens führen.

Obwohl Small Talk wichtig ist, sollten Sie wissen, dass es ebenso wichtig ist, sich über andere Themen als Small Talk zu unterhalten. Menschen mit sozialen Ängsten, geringem Selbstwertgefühl oder Schüchternheit vermeiden oft Small Talk. Ohne diese oder andere soziale Fähigkeiten können Sie nicht effektiv kommunizieren. Wie sprechen Sie also jemanden an?

- Überwinden Sie Ihre Schüchternheit, unterhalten Sie sich mehr mit Menschen, die Sie bereits kennen.
- Steigern Sie Ihr Selbstvertrauen und damit auch Ihre Ausstrahlung.
- Nehmen Sie an Veranstaltungen teil.
- Sehen Sie sich Filme und Dokumentationen an, die sich mit der Kunst des Sprechens beschäftigen.
- Lesen Sie Bücher.
- Wenn Sie es noch nicht bereits haben, werden Sie feststellen, dass Small Talk eine wichtige und nützliche soziale Fähigkeit im Leben ist, wenn nicht sogar die wichtigste.
- Small Talk bietet Ihnen einen guten Gesprächseinstieg.
- Small Talk hilft Ihnen dabei, Verbindungen zwischen sich selbst und anderen herzustellen oder zu stärken. Eine gute Beziehung ist wichtig für das persönliche Wachstum.
- Small Talk hilft Ihnen dabei, Ihr Selbstvertrauen und Ihre Redegewandtheit zu verbessern.

- Er ermöglicht es Ihnen, viele weitere soziale Fähigkeiten wie Kommunikation, aktives Zuhören und Kooperation zu entwickeln.

Ich habe die Schwierigkeiten, die mit Small Talk einhergehen, überwunden

Es ist möglich, dass man eine falsche Vorstellung davon bekommt, wie schwierig Small Talk ist, wenn man nur etwas über Small Talk liest oder jemandem zuhört, der darüber spricht. Der Small Talk kann jedoch durch verschiedene Faktoren erschwert werden, wie z.B. geringes Selbstvertrauen, soziale Ängste, mangelhafte soziale Fähigkeiten wie ein schlecht gewählter Tonfall, unbeholfene Gesten, eine schlechte Körpersprache und ein Mangel an sozialer Bildung. Ein geringes Selbstwertgefühl und Introvertiertheit sind ebenfalls Problemfaktoren.

Wenn Sie Schwierigkeiten haben, sollten Sie sich keine Sorgen machen, denn diese können überwunden werden. Obwohl viele dieser Schwierigkeiten erfordern, dass Sie sich an einen Psychiater wenden, können die folgenden Tipps und Tricks nutzen, die Ihnen dabei helfen, sie zu überwinden. In der folgenden Checkliste sind zunächst die Schwierigkeiten aufgeführt, gefolgt von den möglichen Lösungen. Wählen Sie nur diejenigen aus, die auf Sie zutreffen.

- **Geringes Selbstvertrauen** - Erinnern Sie sich daran, dass Sie genauso interessant und mutig sind wie alle anderen.

- **Soziale Ängste** - Setzen Sie sich das Ziel, in Ihrem nächsten Gespräch so viel über sich selbst zu erzählen wie Ihr Gegenüber. Sie können zuerst mit einem engen Freund üben. Tun Sie dies regelmäßig.

- **Geringes Selbstwertgefühl** - Erkennen Sie, worin Sie gut sind, tun Sie es weiterhin und lernen Sie, sich durchzusetzen.

Ich bin introvertiert, aber ich kann ein paar Tricks beim Small Talk einsetzen

Es ist in der realen Welt schwierig, ein introvertierter Mensch zu sein. Im Gegensatz zu extrovertierten Menschen, die überall Energie aus kleinen und großen Gesprächen schöpfen, werden Introvertierte durch diese erschöpft. Dies hat verschiedene natürliche Ursachen. Ein Grund besteht darin, dass Introvertierte häufig der Meinung sind, dass Small Talk für ihre introspektive Seele zu oberflächlich ist, um sich vollständig auf ihn einzulassen.

Forbes hat acht Strategien aufgelistet, mit denen Sie als Introvertierter den Small Talk üben können. Diese Strategien sind die Dinge, die Sie ständig tun sollten.

- Suchen Sie nach Affirmationen wie „Ich bin des Glücks und des Erfolgs würdig" oder „Ich bleibe meinem Wesen treu, ich lebe in Frieden und bin hervorragend darin, andere zu verstehen". Diese Affirmationen helfen Ihnen dabei, Ängste abzubauen.

- Seien Sie nett zu sich selbst und tun Sie sich etwas Gutes.

- Stellen Sie Fragen, um das Gespräch in Gang zu halten und um sich nicht in den Vordergrund zu drängen.

- Fügen Sie Ihren Antworten pikante Leckerbissen hinzu. Wenn Sie zum Beispiel gefragt werden, was Sie am Wochenende gemacht haben, sagen Sie nicht, dass Sie ins Kino gegangen sind, sondern: „Ich war im Kino, um Titanic zu sehen. Ich fand die Stelle toll, an der Jack sein Leben für Rose aufgibt. Haben Sie den Film gesehen?"

- Stellen Sie bei Gesprächen immer offene Fragen, um das Gespräch zu vertiefen.

- Lenken Sie Ihre innere Neugierde darauf, herauszufinden, wie die andere Person tickt.

- Erkennen Sie subtile Signale, um angemessen auf Sie zu reagieren. Üben Sie dies mit vertrauten Personen.

- Halten Sie Small Talk immer für sinnvoll, indem Sie sich darin üben, zielgerichtet zu kommunizieren.

Ich kann mich mit jedem der besten Small Talk-Themen unterhalten.

Denken Sie daran, dass bestimmte Themen bei jedem gesellschaftlichen Anlass akzeptabel sind und Ihnen dabei helfen werden, erfolgreichen Small Talk zu führen. Diejenigen, die Small Talk beherrschen, werden Ihnen sagen, dass bestimmte Themen ein Gespräch ganz natürlich verlaufen lassen. Dazu gehören Themen wie:

- **Familie**

  Sie können Dinge fragen wie: „Wie geht es Ihrer Familie?" Oder machen Sie Ihrem Gegenüber Komplimente wie: „Ich habe gerade Ihren Mann und die Kinder gesehen. Sie haben eine tolle Familie. Was ist Ihr Geheimnis?"

- **Kunst und Unterhaltung**

  Wenn niemand über Kunst und Unterhaltung spricht, lohnt es sich überhaupt, über Kunst zu sprechen? Sie müssen nur wissen, wann Sie dieses Thema am besten ansprechen sollten.

- **Promi-Klatsch**

  Dieses Thema eignet sich gut für Partys, den Vergnügungspark und sogar für die Schule.

- **Arbeit**

  Hierbei handelt es sich zwar um einen guten Gesprächseinstieg, aber Sie sollten nicht nur über Ihre Arbeit sprechen, wenn Sie nicht auf der Suche nach neuen Freunden sind.

- **Hobbies**

  Hobbys sind ein gutes Thema. Aber irgendetwas muss Sie auf dieses Thema bringen, z.B. ein Gespräch über Heimatstädte.

- **Reisen**

  Sie können dieses Thema gut an Flughäfen zur Sprache bringen. Sie könnten zum Beispiel sagen: „Ich sehe, Sie fliegen nach XYZ. Ist das Ihr erstes Mal?"

- **Sport**

  Nicht jeder schaut gerne Sport, also müssen Sie mit diesem Thema vorsichtig sein und es auch nicht überall erwähnen.

- **Das Wetter**

  Wenn sich zwei Menschen zum ersten Mal treffen, unterhalten Sie sich bei ihrem ersten Gespräch oft über das Wetter: „Hey, mein Freund, ich liebe das Wetter heute und wie der Wind durch mich hindurchweht. Du spürst das doch auch, oder?" Dieser Einstieg führt sie dann zu den wichtigeren Themen.

Ich kenne die schlimmsten Small Talk-Themen

Einige Themen eignen sich sehr gut für Small Talk, während andere Ihre Gespräche ruinieren und Sie als Drückeberger entlarven.

- **Erscheinungsbild**

  Jeder liebt Komplimente, aber seien Sie sehr vorsichtig mit diesem Thema, wenn Sie über das Aussehen von jemand anderem sprechen.

- **Beleidigende Witze**

  Das Schlüsselwort hier ist „beleidigend". Solche Witze müssen Sie vermeiden.

- **Tod**

  Nutzen Sie dieses Thema niemals für Ihren Small Talk, auch nicht bei einer Beerdigung, schon gar nicht gegenüber der trauernden Person.

- **Vergangene Beziehungen**

  Auch dieses Thema ist ein Tabu, ähnlich wie der Tod. Sie sollten Ihr Gespräch nicht mit diesem Thema beginnen, wenn Sie jemanden zum ersten Mal treffen.

- **Politik und Religion**

  Suchen Sie nach einer Möglichkeit, eine Beziehung zu beenden, bevor sie beginnt? Reden Sie über diese Themen.

- **Finanzen**

  Halten Sie sich von diesem Thema fern, es sei denn, Sie befinden sich auf einer Veranstaltung, auf der über Finanzen gesprochen wird, oder Sie sprechen über ein Problem mit der Bank.

Weitere Tabuthemen sind Sex, Gesundheit und andere persönliche Themen.

Ich kann mit jedem ein Gespräch anfangen

Es gibt verschiedene Möglichkeiten, um ein Gespräch mit einem Fremden zu beginnen. Diese drei Szenarien werden Sie an das erinnern, was in Kapitel 6 besprochen wurde.

- Sind Sie auf einer Party? Stellen Sie offene Fragen wie „Warum haben Sie diesen Studiengang gewählt?" oder „Was wünschen Sie sich für Ihre Zukunft?"

- Reisen Sie mit öffentlichen Verkehrsmitteln? Sie können damit beginnen, jemandem ein Kompliment zu machen, aber nicht damit, über das Aussehender Person zu sprechen.

- Sind Sie in einem Sportschauzentrum? Sprechen Sie über das letzte Spiel der jeweiligen Mannschaften.

Denken Sie daran, dass es von den Umständen und der Umgebung abhängt, ob Sie ein Gespräch mit einem Fremden beginnen können. Darüber hinaus gibt es ein paar Tipps, die Ihnen dabei helfen, mit jedem ein Gespräch zu beginnen.

- Seien Sie nicht pessimistisch.
- Beschweren Sie sich nicht.
- Engagieren Sie sich durch aktives Zuhören.
- Bleiben Sie positiv.
- Machen Sie anderen immer Komplimente.
- Diskutieren Sie optimistische Themen.
- Wechseln Sie das Thema, wenn Ihnen das Gespräch unangenehm wird

Ich kenne ein paar narrensichere Fragen, die Sie jedem stellen können

Sie haben in diesem Buch nur gelernt, wie man ein Gespräch anfängt und was man beim Small Talk beachten sollte. Die nächste Stufe des Small Talks ist das Stellen von Fragen, insbesondere narrensichere Fragen sind sehr wichtig.

Eine narrensichere Frage ist einfach, aber fehlerfrei und zuverlässig. Mit einer solchen Frage kann nichts schiefgehen. In Kapitel 7 finden Sie fünfzig sichere Fragen, mit denen Ihnen selbst der unangenehmste Small Talk leichtfällt. Kunst, Wetter, Sport, Familie, Reisen, Arbeit, Unterhaltung, Essen, Hobbys, Klatsch und Tratsch über Prominente, die Heimatstadt und ähnliche Themen liefern Ihnen die Grundlage für diese Fragen. Hier sind ein paar Beispiele.

- Was würden Sie gerne tun, wenn Sie nicht hier arbeiten würden?
- Wie sind Sie [Berufsbezeichnung] geworden?
- Was würden Sie essen, wenn Sie für den Rest Ihres Lebens nur noch eine Sache essen könnten?
- Welches Restaurant ist der beste Geheimtipp hier in der Gegend?
- Wohin würden Sie reisen, wenn Sie überall auf der Welt hinfliegen könnten?

Ich habe die Kunst der Augen- und Körpersprache gemeistert

Das Stellen von narrensicheren Fragen bietet Ihnen eine hervorragende Möglichkeit, um ein Gespräch zu beginnen und es so lange und tiefgreifend zu führen, wie Sie wollen. Eine einzige Methode reicht jedoch nicht aus, um eine gute Verbindung zu einer anderen

Person herzustellen. Small Talk ist erfolgreicher, wenn Sie Augenkontakt herstellen und Ihre Körpersprache einsetzen. Was wir nicht sagen können oder wollen, kann Ihnen durch Augenkontakt und Körpersprache vermittelt werden.

Im Folgenden finden Sie Beispiele für üblichen Augenkontakt und Körpersprache:

- Ein Augenaufschlag, der Aufmerksamkeit signalisiert.
- Schnelles Blinzeln, das ein Zeichen von Not sein könnte.
- Anspannen der Lippen, um Abneigung zu zeigen.
- Geballte Fäuste, um Wut oder Solidarität zu zeigen.
- Verschränkte Arme könnten zur Verteidigung eingesetzt werden oder dazu dienen, den Körper zu stützen.
- Gesichtsausdrücke, die Verwirrung, Ärger oder Freude zeigen.

Hier sind einige der Vorteile dieser Regeln

- Ständiger Augenkontakt sorgt dafür, dass sich die Menschen auf das Gespräch konzentrieren.
- Augenkontakt und Körpersprache verbessern das Verständnis, die Kommunikation und das Vertrauen der anderen Partei in Sie.
- Diese Tipps helfen Ihnen dabei, die wahren Gefühle anderer Personen schneller zu erkennen, da die Körpersprache oder der Augenkontakt einer Person mit dem übereinstimmen sollten, was sie zu Ihnen sagt.
- Die Körpersprache bietet Ihnen ein weiteres Ventil, um zu zeigen, wie Sie sich fühlen

Obwohl Menschen oft anderen durch ihre Körpersprache mitteilen, was wirklich wahr ist, müssen Sie daran denken, dass Ihre Annahmen nicht immer zutreffen.

Ich kenne und praktiziere die Geheimnisse zum Beherrschen sozialer Fähigkeiten

Wenn Sie alle obigen Tipps gewissenhaft befolgt haben, werden Sie bestätigen zustimmen, dass die Schritte hilfreich sind. Sie müssen sich nun fragen: „Wie geht es weiter?" oder „Wie werde ich besser im Small Talk?" Die einfache Antwort, das Geheimnis der Meister auf jedem Gebiet der Welt, ist die Übung in der PRAXIS.

Perfekte Praxis (Praxis zur richtigen Zeit, am richtigen Ort, mit den richtigen Werkzeugen) macht alles andere auch perfekt. Wie bei vielen anderen Handbüchern auch, werden die Leser dieses Buches sofort Erfolge sehen wollen, manche sogar noch vor dem Lesen des ersten Kapitels. Dennoch wird niemand über Nacht zum Experten. Ob Sie ein Experte werden, hängt ganz davon ab, mit welcher Hingabe Sie die Fähigkeiten üben.

Welche Bedeutung haben tägliche Wiederholungen und ständiges Üben?

- Sie helfen Ihnen dabei, Ihre Fähigkeiten vom bewussten Zustand auf das Unterbewusstsein zu übertragen.
- Sie helfen Ihnen dabei, das Lernen im Gehirn zu stärken.
- Sie erhöhen das Vertrauen.
- Sie verbessern Ihre Geschwindigkeit.
- Sie erlauben es Ihnen, Ihre Fähigkeiten zu meistern.

Sie können nicht nur mit Menschen üben, die Sie kennen, sondern müssen auch in die reale Welt hinausgehen und bei Gesprächen mit Fremden üben. Der Versuch, mit Fremden in öffentlichen Verkehrsmitteln, in Wartezimmern, Geschäften oder an anderen öffentlichen Orten ein Gespräch zu beginnen, ist ein guter Ausgangspunkt, um Ihren Small Talk und Ihre soziale Kompetenz zu üben und schließlich ein Experte zu werden.

Vielleicht haben Sie in der Vergangenheit schon einmal gesagt: „Ich hasse Small Talk", aber ich wette, dass Sie jetzt eine andere Einstellung haben und sich jederzeit und überall auf Small Talk einlassen und Ihre sozialen Fähigkeiten verbessern werden. Kein Buch kann *Sie dazu bringen,* ein Gespräch zu beginnen; das liegt immer noch an Ihnen, und Übung ist der beste Anfang.

Small Talk kann Wunder bewirken. Er fördert nicht nur die zwischenmenschlichen Beziehungen, sondern auch das Vertrauen und den Respekt. Guter Small Talk zeigt immer Ihre sprachliche Kompetenz und Ihre Vertrautheit mit Ihrer Umgebung und mit Ihrem Beruf. Small Talk ist der erste Schritt, um mit jemandem zu sprechen oder erfolgreiche Beziehungen zu anderen Menschen aufzubauen.

Wie weit sind Sie gekommen?

Beachten Sie die folgende Checkliste für Small Talk:

☐ Höre ich der anderen Person aktiv zu und zeige ich Interesse an dem, was sie sagt?

☐ Stelle ich offene Fragen, um das Gespräch im Fluss zu halten?

☐ Erzähle ich persönliche Anekdoten oder Geschichten, die mit dem Thema zu tun haben?

☐ Erinnere ich mich an frühere Gespräche oder Details über die andere Person und bringe sie

zur Sprache?

☐ Verwende ich eine angemessene Körpersprache, wie z.B. Augenkontakt und häufiges Lächeln?

☐ Halte ich mich von kontroversen oder sensiblen Themen fern?

☐ Gelingt es mir, das Gespräch leicht und positiv zu halten?

☐ Halte ich das Gespräch im Gleichgewicht und lasse den anderen auch reden?

☐ Setze ich Humor und Lachen in der Unterhaltung angemessen ein?

☐ Gebe ich mir Mühe, das Gespräch höflich und reibungslos zu beenden?

Fazit

Da es so viele Individuen auf der Welt gibt, müssen wir uns ständig in Gespräche mit anderen Menschen vertiefen. Diese Gespräche beginnen häufig mit Small Talk, den das Cambridge Wörterbuch als *„Gespräch über unwesentliche Dinge, oft zwischen Menschen, die sich nicht gut kennen"* definiert.

Small Talk ist eine soziale Fähigkeit, die es Ihnen ermöglicht, sich mit jedem über jedes Thema zu unterhalten. Small Talk bietet Ihnen eine großartige Möglichkeit, um Selbstvertrauen und dauerhafte Beziehungen zu anderen Menschen aufzubauen. Menschen, die mit sozialen Situationen zu kämpfen haben, finden solche kurzen Gespräche in der Regel langweilig. Die gute Nachricht ist, dass Sie Ihre Small Talk Fähigkeiten verbessern können.

Die in diesem Buch besprochenen Strategien für den Small Talk helfen introvertierten Menschen dabei, Spaß in der Welt zu haben. Wenn Sie introvertiert sind und aktiv an Gesprächen teilnehmen möchten, können Sie Bestätigung suchen, freundlich zu sich selbst sein, offene Fragen stellen und Ihre Einstellung zum Small Talk anpassen.

Einige der interessantesten und ansprechendsten Small Talk-Themen sind die Themen Familie, Freunde, Hobbys, Wetter, Kunst und Unterhaltung, Reisen und Promi-Klatsch. Themen über Aussehen, obszöne Witze, Tod, Politik, Religion und frühere Beziehungen sollten Sie bei lockeren Gesprächen aber vermeiden.

Sie können ein Gespräch mit einem Fremden auf unterschiedliche Weise beginnen, und die Dinge, über die Sie sprechen, werden sich abhängig vom Gesprächskontext ändern. Sie müssen das Thema verstehen, das am besten zu Ihrem Umfeld passt.

Beachten Sie die Ratschläge in diesem Buch genau, um sich Ihren Erfolg zu garantieren. Wenn sich das Gespräch unangenehm anfühlt, sollten Sie sich eine heitere Haltung bewahren, die andere Personen ergänzen und das Thema wechseln. Am besten wäre es, wenn Sie das Leben nicht negativ sehen und sich nicht zu viel beschweren.

Ihr Small Talk ist unvollständig, wenn Sie nicht wissen, wie Sie Fragen stellen können, insbesondere narrensichere Fragen. Eine narrensichere Frage ist einfach, fehlerfrei und zuverlässig - da kann nichts schiefgehen.

Die Beherrschung der Augen- und Körpersprache ist eine weitere wichtige Kommunikationsebene des Small Talks. Diese Fähigkeiten werden Ihren Small Talk so weit bringen, dass Sie stets eine Möglichkeit haben, das, was Sie zu kommunizieren wünschen, auszudrücken. Die Beispiele in diesem Buch sollen Ihre Kommunikation verbessern und Ihr Vertrauen in andere stärken.

Regelmäßige Übung ist die einzige Möglichkeit, um jede Fähigkeit zu meistern, einschließlich Ihrer sozialen Fähigkeiten. Übung macht den Meister (üben Sie zur richtigen Zeit, am richtigen Ort, mit den richtigen Mitteln). Dies stärkt Ihr Selbstvertrauen und verbessert Ihre Fähigkeiten, indem es Ihre Konzentration vom Bewusstsein in das Unterbewusstsein verlagert.

Wahrscheinlich haben Sie dieses Buch gelesen, weil Sie lernen wollten, wie Sie geselliger werden können oder weil Sie sich für Psychologie interessieren. Small Talk wirkt Wunder; mit dieser Fähigkeit können Sie mit jedem reden. Nutzen Sie die Bonuschecklist e, um sich weiter zu verbessern und um Ihre Ziele zu erreichen.

Das Lesen allein wird Ihnen nicht das gewünschte Ergebnis bringen. Sie müssen die hilfreichen Tipps und den Leitfaden zum aktiven Zuhören aktiv befolgen und die skizzierten praktischen sozialen Fähigkeiten, wie den Einsatz der Körpersprache und die Herstellung von Blickkontakt, bewusst üben, um Ihre Angst vorm sozialen Kontakt mit anderen Menschen zu überwinden.

Sie haben die Richtlinien dieses Buches gelesen und befolgt, und nun brauchen Sie nie wieder Angst vor gesellschaftlichen Zusammenkünften zu haben!

Hier ist ein weiteres Buch von Andy Gardner, das Ihnen gefallen könnte

Referenzen

Frost, A. (24. Juli 2019). The ultimate guide to small talk: Conversation starters, powerful questions, & more. HubSpot. https://blog.hubspot.com/sales/small-talk-guide

Gregory, M. (22. Mai 2020). 10 chance meetings that changed the world. Mental Floss. https://www.mentalfloss.com/article/624374/chance-meetings-changed-world

Luda, Z. (6. Juli 2018). 5 Main principles of Small Talk. Language Learning with Preply Blog. https://preply.com/en/blog/5-main-principles-of-small-talk/

Sandstrom, G. M., & Dunn, E. W. (2014). Is efficiency overrated? Minimal social interactions lead to belonging and positive affect. Social Psychological and Personality Science, 5(4), 437–442. https://doi.org/10.1177/1948550613502990

Waber, B., Magnolfi, J., & Lindsay, G. (2014). Workspaces that move people. Harvard Business Review, 92(10), 68–77, 121. https://hbr.org/2014/10/workspaces-that-move-people

Wuench, J. (21. Juni 2021). Why small talk is anything but small. Forbes. https://www.forbes.com/sites/juliawuench/2021/06/21/why-small-talk-is-anything-but-small/?sh=37d1b97078b0

Cohen, L. (15. November 2017). Social anxiety and small talk: The nuts and bolts of making conversation. National Social Anxiety Center. https://nationalsocialanxietycenter.com/2017/11/15/social-anxiety-small-talk-nuts-bolts-making-conversation/

Denworth, L. (Von Lydia Denworth on 21. September 2021). Making eye contact signals a new turn in a conversation. Scientific American.

https://www.scientificamerican.com/article/making-eye-contact-signals-a-new-turn-in-a-conversation/

Murphy, A. (26. April 2022). 20 ways to overcome low self-esteem in 2023. Declutter The Mind. https://declutterthemind.com/blog/how-to-overcome-low-self-esteem/

Okusaga, O. (21. April 2022). How to master small talk as an introvert. Introvertdear.com; Introvert, Dear. https://introvertdear.com/news/how-to-master-small-talk-as-an-introvert/

Social anxiety disorder: Symptoms, tests, causes & treatments. (n.d.). Cleveland Clinic. https://my.clevelandclinic.org/health/diseases/22709-social-anxiety

Social anxiety (social phobia). (k.D.). Nhs.uk. https://www.nhs.uk/mental-health/conditions/social-anxiety/

The basics: Anxiety. (15. Dezember 2016).

Therapists, L. H. G. (11. April 2022). Tips for small talk when you have social anxiety. Sacramento Relationship Therapy | Midtown Therapists| Love Heal Grow Counseling; Love Heal Grow Counseling. https://www.lovehealgrow.com/tips-small-talk-social-anxiety/

Ultimate guide to social skills: The art of Talking to anyone. (2015, October 20). I Will Teach You To Be Rich. https://www.iwillteachyoutoberich.com/guides/ultimate-guide-to-social-skills/

Victor, K. (29 November 2017). Tips for how introverts can make small talk less painful. Linkedin.com. https://www.linkedin.com/pulse/tips-how-introverts-can-make-small-talk-less-painful-kristy-victor/

Website, N. H. S. (k.D.). Raising low self-esteem. Nhs.uk. https://www.nhs.uk/mental-health/self-help/tips-and-support/raise-low-self-esteem/

(k.D.). Blinkist.com. https://www.blinkist.com/magazine/posts/how-to-improve-social-skills

Cuncic, A. (9 Dezember 2000). How to socialize when you have social anxiety disorder. Verywell Mind. https://www.verywellmind.com/talk-people-social-anxiety-disorder-3024390

Macapinlac, M. (24. December 2021). How to make small talk for introverts. Social Confidence Mastery. https://socialconfidencemastery.com/small-talk-for-introverts/

Okusaga, O. (21. April 2022). How to master small talk as an introvert. Introvertdear.com; Introvert, Dear. https://introvertdear.com/news/how-to-master-small-talk-as-an-introvert/

Park, C. (30. März 2015). An introvert's guide to small talk: Eight painless tips. Forbes. https://www.forbes.com/sites/christinapark/2015/03/30/an-introverts-guide-to-small-talk-eight-painless-tips/?sh=57177f5a574a

Venable, M. (9. Mai 2022). Back to life, back to reality: How to master the art of small talk (in case you forgot). Shondaland. https://www.shondaland.com/live/family/a39929200/how-to-master-the-art-of-small-talk/

Waters, S. (k.D.-a). 8 types of nonverbal communication that can help to improve your speech. Betterup.com. https://www.betterup.com/blog/types-of-nonverbal-communication

Waters, S. (k.D.-b). How to carry a conversation – the art of making connections. Betterup.com. https://www.betterup.com/blog/how-to-carry-a-conversation

Cherry, K. (28. Januar 2019). 8 Tips for Starting a Conversation. Verywell Mind. https://www.verywellmind.com/how-to-start-a-conversation-4582339

Cuncic, A. (5. August 2010). Small Talk Topics. Verywell Mind. https://www.verywellmind.com/small-talk-topics-3024421

Frost, A. (24. Juli 2019). The ultimate guide to small talk: Conversation starters, powerful questions, & more. HubSpot. https://blog.hubspot.com/sales/small-talk-guide

Kim. (15. Juli 2020). Small talk topics and questions ⬭ keep the conversation going in English. English with Kim. https://englishwithkim.com/small-talk-topics-questions/

Parr, M. (26. Mai 2020). 10 best small talk topics & conversation starters (+ examples). Language Learning with Preply Blog. https://preply.com/en/blog/small-talk-topics/

(k.D.). Indeed.com. https://ca.indeed.com/career-advice/career-development/small-talk-topics

Cuncic, A. (5. August 2010). Small Talk Topics. Verywell Mind. https://www.verywellmind.com/small-talk-topics-3024421

Topics to avoid in English small talk. (15. Februar 2015). EF English Live. https://englishlive.ef.com/blog/english-in-the-real-world/topics-avoid-english-small-talk/

(k.D.-c). Inc.com https://www.inc.com/laura-garnett/if-you-hate-small-talk-use-these-20-questions-as-a-conversation-starter-instead.html

Marr, B. (27. October 2014). How to start a conversation with absolutely anyone. Linkedin.com. https://www.linkedin.com/pulse/20141027073838-64875646-how-to-start-a-conversation-with-absolutely-anyone

Perry, E. (k.D.). How to start conversations with strangers: Befriending everyone. Betterup.com. https://www.betterup.com/blog/how-to-start-conversation-with-strangers

Waters, S. (k.D.). How to carry a conversation – the art of making connections. Betterup.com. https://www.betterup.com/blog/how-to-carry-a-conversation?hsLang=en

(k.D.-a). Inc.com. https://www.inc.com/minda-zetlin/10-foolproof-ways-to-start-a-conversation-with-absolutely-anyone.html

(k.D.-b). Indeed.com. https://www.indeed.com/career-advice/career-development/how-to-start-conversation-with-strangers

"11 Foolproof Ways to Start a Conversation With Absolutely Anyone" https://incafrica.com/library/minda-zetlin-10-foolproof-ways-to-start-a-conversation-with-absolutely-anyone

"48 Questions That'll Make Small Talk Easier | The Muse" https://www.themuse.com/amp/advice/48-questions-thatll-make-awkward-small-talk-so-much-easier

"Master Small Talk With These 10 Tips (with Examples) | SuaveWay" https://suaveway.com/blog/master-small-talk/

Bradberry, T. (18. Juni 2019). 8 great tricks for reading people's body language. Linkedin.com. https://www.linkedin.com/pulse/8-great-tricks-reading-peoples-body-language-dr-travis-bradberry

Fontanella, C. (9. Mai 2022). 13 body language tips that can make or break your customer service. HubSpot. https://blog.hubspot.com/service/body-language-in-customer-service

Herz, S. (16. Juli 2020). 10 quick body language hacks from Steve Jobs – and a surgeon – to boost likability and trust. CNBC. https://www.cnbc.com/2020/07/16/steve-jobs-surgeon-body-language-hacks-to-make-you-more-likable-respected-trustworthy.html

Stenstrom, J. (22. Mai 2015). 11 body language tricks to make you successful in life. Lifehack. https://www.lifehack.org/articles/communication/11-body-language-tricks-make-you-successful-life.html

Thair, R. (11. August 2022). 5 body language hacks to boost your communication. Happiful Magazine. 5 body language hacks to boost your communication (happiful.com)

(k.D.). Inc.com. https://www.inc.com/melanie-curtin/7-body-language-hacks-that-immediately-make-you-more-likable.html

Cooks-Campbell, A. (k.D.). How to improve social skills: 10 tips to be more social. Betterup.com. https://www.betterup.com/blog/how-to-improve-social-skills

Gunnarson, V. (10. Juli 2015). 10 small talk tips that'll make you forget you ever had to rely on "so, how about that weather?" The Muse. https://www.themuse.com/advice/10-small-talk-tips-thatll-make-you-forget-you-ever-had-to-rely-on-so-how-about-that-weather

Lamothe, C. (15. Juli 2019). 10 ways to be more social, even if you're an introvert. Healthline. https://www.healthline.com/health/how-to-be-more-social

Morin, A. (31. Dezember 2013). 12 ways to improve social skills and make you sociable anytime - Amy Morin, LCSW. Amy Morin, LCSW. https://amymorinlcsw.com/12-ways-to-improve-social-skills-and-make-you-sociable-anytime/

(N.d.). Indeed.com. https://www.indeed.com/career-advice/career-development/measure-progress

Cherry, K. (27. Juli 2017). Understanding body language and facial expressions. Verywell Mind. How to Understand Body Language and Facial Expressions (verywellmind.com)